JETZT IST OSTERN!

Frühlingshafte Bastelideen
für die ganze Familie

INHALT

VORWORT

Endlich ist es wieder so weit – der Frühling zeigt sich von seiner schönsten Seite, die Natur blüht auf und die Sonne strahlt mit uns um die Wette – Ostern steht vor der Tür!

Es ist an der Zeit, sich von den kalten Wintertagen zu verabschieden und die eigenen vier Wände in farbenfroher Frühlingsgestaltung aufleben zu lassen. In diesem Buch findest du kunterbunte Bastelprojekte mit gefärbten Eiern, tolle Dekorationen aus Papier, kreative Projekte aus Naturmaterial und Holz sowie zahlreiche DIY-Ideen für die ganze Familie. So lässt sich die Oster-Zeit im Teamwork gestalten und auch für die Liebsten die ein oder andere Überraschung zaubern. Außerdem findest du hier kleine und große Leckereien zum Osterfest mit Familie und Freunden. So werden junge Küken und „alte" Hasen fündig. Dank Schritt-für-Schritt-Anleitungen, Grundlagen zu verschiedenen Basteltechniken sowie Vorlagen kannst du direkt starten.

Los gehts! Jetzt ist Ostern!

Buntes
EIERLEI

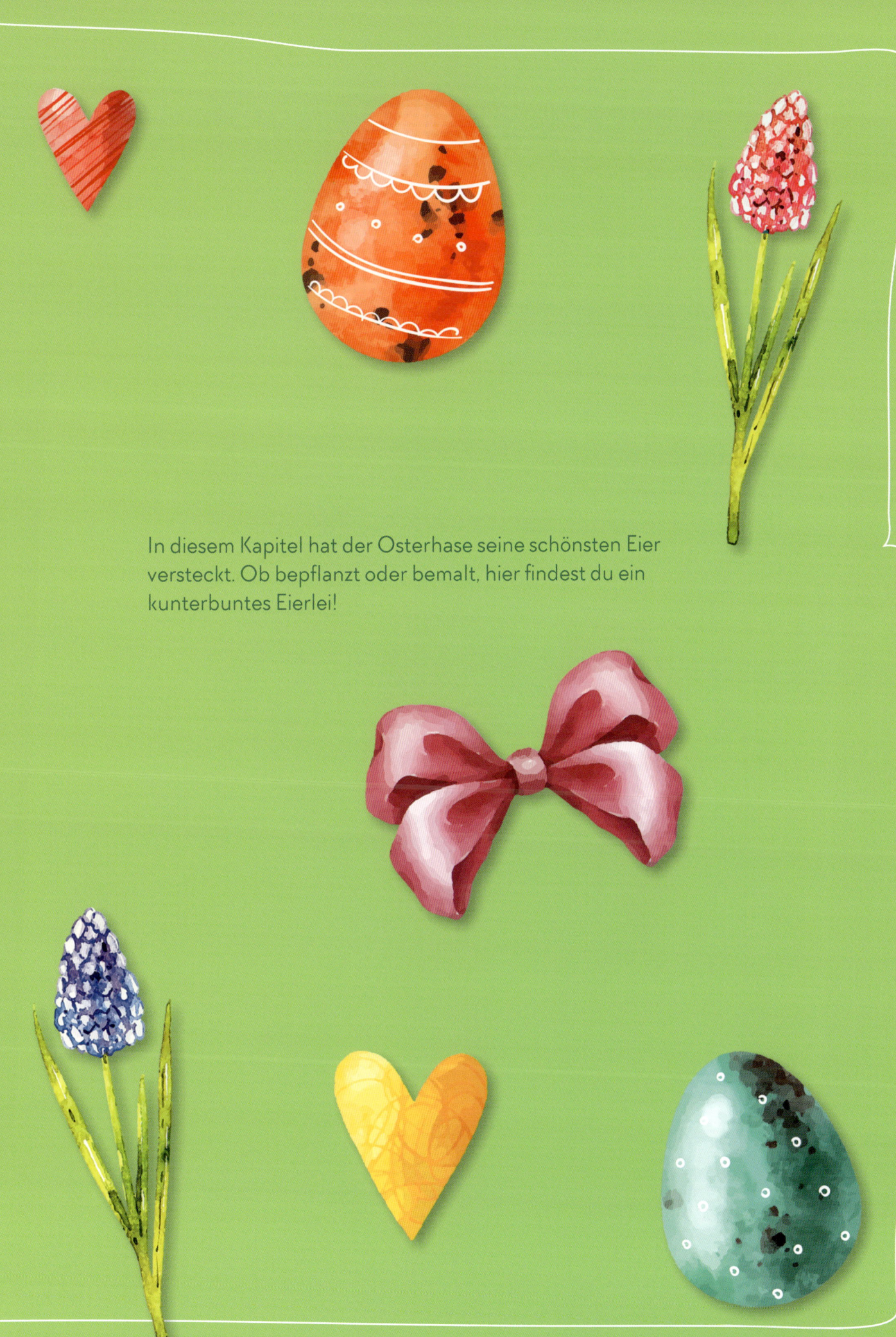

In diesem Kapitel hat der Osterhase seine schönsten Eier versteckt. Ob bepflanzt oder bemalt, hier findest du ein kunterbuntes Eierlei!

Karl, die fröhliche
KRESSERAUPE

1. Das obere Drittel von sechs rohen Eiern abschlagen, die Eier leeren und den größeren Teil gründlich mit warmem Spülwasser reinigen.

2. Die Eier gut trocknen lassen, auf einen Schaschlikspieß stecken, mit grüner Sprühfarbe einfärben und erneut trocknen lassen.

3. Je vier weiße Holzperlen mit Heißkleber an der Eiunterseite befestigen. Achte dabei darauf, dass die Perlen gleichmäßig positioniert werden, damit die Raupe später sicher steht.

4. Die Gesichtszüge der Raupe anhand der Vorlage auf den hellgrünen und grünen Fotokarton übertragen und ausschneiden. Den Kopf der Raupe anschließend zusammenkleben.

5. Die Klebepunkte für Augen und Wangen aufkleben. Den Mund und die Pupillen mit Permanentmarker aufzeichnen.

6. Vom Chenillendraht ein ca. 10 cm langes Stück abschneiden und etwas biegen. Die grünen Holzperlen mit etwas Heißkleber an den Drahtenden anbringen und die Fühler dann von hinten am Raupenkopf befestigen. Den Raupenkopf an einem der Eier befestigen und alle übrigen Eier mit etwas Kresse befüllen. Die Eier hintereinander arrangieren.

MATERIAL

MOTIVGRÖSSE: ca. 9 cm

6 rohe Eier in Weiß · Sprühfarbe in Hellgrün · 24 Holzperlen in Weiß, ⌀ 12 mm · Fotokarton in Hellgrün und Grün · Klebepunkte in Pink, ⌀ 7 mm und Weiß, ⌀ 12 mm · Chenilledraht in Gelb · 2 Holzperlen in Grün, ⌀ 12 mm · Permanentmarker in Rot und Schwarz · Heißkleber · Kresse

VORLAGE: S. 106

Küken-
KINDERGARTEN

MATERIAL

MOTIVGRÖẞE: ca. 6 cm

9 Eier in Weiß · Lebensmittelfarbe in Gelb · Fotokarton in Orange · Heißkleber · Federn in Gelb · Permanentmarker in Schwarz

VORLAGE: S. 106

1. 5 weiße Eier hart kochen und abkühlen lassen. Die Eier anschließend in verschiedenen Gelbtönen färben. Lasse die Eier dafür unterschiedlich lange im Farbbad liegen. Auf einem Stück Küchenkrepp abtropfen und trocknen lassen.

2. 4 Eier mittig aufschlagen. Das Eiweiß und das Eigelb in einer Schüssel auffangen, beides kann später zum Backen oder Kochen verwendet werden. Die aufgeschlagenen Eihälften gründlich reinigen und trocknen lassen.

3. Die aufgeschlagenen Eierschalen als Hut oder Nest mit Heißkleber an die gefärbten, gelben Eier kleben. Aus Fotokartonresten nach Vorlage kleine Schnäbel ausschneiden, mittig falten und mit der Faltkante an das Ei kleben. Gelbe Federn an die Kükenköpfe ohne Hütchen ankleben. Zum Schluss mit schwarzem Permanentmarker Augen aufmalen.

FRÜHLINGSERWACHEN
im Kerzenschein

1. Zuerst den Deckel eines 10-er Eierkartons abschneiden und den unteren Teil mit weißer Acrylfarbe bemalen, gut trocknen lassen.

2. Das obere Drittel der rohen Eier abschlagen, leeren und die Eier anschließend gründlich reinigen. Das hartgekochte Ei bleibt ganz.

3. Alle Eier mit Acrylfarbe in verschiedenen Lilatönen bemalen und trocknen lassen. Bepflanze fünf der Eier mit verschiedenen, kleinen Sukkulenten.

4. Für die Kerzen-Eier etwas Wachs in einem Wasserbad schmelzen. Den Docht mit Heißkleber in die Eierschale kleben, das Wachs vorsichtig einfüllen und erkalten lassen.

5. Das hartgekochte Ei mit goldenen Buchstabenaufklebern bekleben. Am einfachsten geht das mit einer Pinzette.

6. Eine ca. 35 cm lange Schnur an die Enden zweier Schaschlikspieße knoten. Das Masking Tape doppelt über die Schnur kleben und mit einer Schere Zacken in das Tape schneiden, sodass kleine Wimpel entstehen. Den Eierkarton mit der Wimpelkette dekorieren.

MATERIAL

MOTIVGRÖßE: ca. 20 cm

10-er Eierkarton · Acrylfarbe in Weiß · hartgekochtes Ei in Weiß · 9 rohe Eier in Weiß · Wachs in Weiß · Kerzendocht · Sukkulenten · Schaschlikspieße · Schnur, ca. 35 cm lang · Masking Tape in verschiedenen Farben · Acrylfarbe in Helllila und Lila · Buchstabenaufkleber in Gold

PIÑATA-PARTY-EIER
im Osterstrauß

MATERIAL

MOTIVGRÖSSE: ca. 20 cm

5 Eier in Weiß · Krepppapier in Helllila, Hellblau, Gelb, Orange, Rosa und Hellgrün · Klebestift · Pompons in Rosa, Mint, Hellblau und Hellgelb, ø 12 mm · Satinband in Hellgrün, Rosa, Mint und Hellgelb, 6 mm breit · Heißkleber · Baumwollschnur in Weiß · Nadel mit breitem Nadelöhr

1. Die weißen Eier zunächst auspusten, mit warmem Wasser und Spülmittel auswaschen und trocknen lassen.

2. Von den Krepppapierrollen ca. 1,5 cm breite Streifen abschneiden. Die Streifen im Abstand von 0,5 cm etwas einschneiden und anschließend auseinanderfalten.

3. An der unteren Öffnung mit dem Umwickeln des Eis starten. Ringsum die Öffnung etwas Kleber auftragen und den Krepppapierstreifen vorsichtig andrücken. Nun wird sich Runde für Runde langsam nach oben gearbeitet. Beginne nach 1,5 – 2 cm mit der nächsten Farbe des Krepppapiers. Verwende insgesamt 4 – 5 unterschiedliche Farben zur Gestaltung der Eier und ende um die obere Eiöffnung.

4. Verschiedenfarbige Satinbandstreifen auf eine Länge von ca. 10 cm zuschneiden. Die Bänder übereinanderlegen und alle Spitzen an einem Ende mit einer 30 cm langen Baumwollschnur zusammenknoten.

5. Das lange Stück der Baumwollschnur durch eine Nadel fädeln und anschließend von unten einmal durch das Ei hindurchfädeln. Zum Schluss mithilfe der Nadel einen Pompon auffädeln und das Ei dann an der verbleibenden Schnur am Osterstrauß aufhängen.

GLÜCKSEI mit Botschaft

MATERIAL

MOTIVGRÖßE: ca. 6 cm

3 rohe Eier in Weiß · Sprühlack in Rot, Gelb und Blau · Masking Tape, 5 mm breit · Fineliner in Schwarz · Tonpapier in Weiß

1. Die Eier auspusten, gründlich mit Spülmittel reinigen und trocknen lassen. Das Masking Tape einmal mittig rings um das Ei kleben.

2. Die Eier als Nächstes mit Acrylfarbe bemalen. Dazu steckst du diese am besten auf Schaschlikspieße. Lasse die Eier auch auf den Spießen trocknen, so bleibt die Farbe schön gleichmäßig und bekommt keine Flecken.

3. Nachdem die Farbe getrocknet ist, das Masking Tape vorsichtig wieder abziehen. Eine kleine Nachricht oder einen Gutschein auf einen schmalen Papierstreifen schreiben und zusammengerollt durch die obere Öffnung ins Ei stecken.

Gutschein für ein Frühstück......

überraschung!

TIPP:
Das Loch für deine Glücksnotiz kannst du mit einer Stecknadel oder einem Zahnstocher etwas erweitern, sollte es zu klein sein, um deine Botschaft im Ei zu verstecken.

Frohe Ostern ihr Hasen!

MATERIAL

MOTIVGRÖSSE: ca. 6 cm und 10 cm

10 hartgekochte Eier in Weiß ·
Acrylfarbe in Hellrosa, Pink, Lila, Türkis,
Mint, Beige und Gelb · 3x 6-er Eier-
kartons · Permanentmarker in Blau,
Rot, Gelb, Rosa und Pink · Heißkleber ·
Klebepunkte, ø 10 mm · Masking Tape

SÜSSE DONUTS UND LECKERES EIS

mit Zuckerstreuseln

1. Für die Donuts oben mittig auf das Ei einen Klebepunkt kleben. Das obere Drittel des Eis mit Masking Tape ringsherum abkleben. Anschließend den Raum zwischen Klebepunkt und Masking Tape mit Acrylfarbe bemalen und gut trocknen lassen.

2. Den Klebepunkt und das Masking Tape vorsichtig abziehen und den Donuts mit bunten Permanentmarkern Streusel aufmalen.

3. Für das Eis das obere Drittel der Eier mit Acrylfarbe bemalen. Am einfachsten ist es, wenn zunächst der Eisverlauf mit Bleistift auf das Ei gezeichnet wird und dieser dann ausgemalt wird.

4. Die Farbe trocknen lassen und auch hier mit bunten Permanentmarkern Streusel aufmalen.

5. Für die Eistütchen die Spitzen aus zwei der Eierkartons herausschneiden und mit Acrylfarbe in Beige bemalen. Trocknen lassen. Anschließend die Eier mit Heißkleber in die Eishörnchen kleben und die Donuts in der anderen Eierschachtel arrangieren.

Oster-Autorennen mit

HÄSCHEN UND KÜKEN

MATERIAL

MOTIVGRÖßE: ca. 6 cm

3 weiße Eier · Acrylfarbe in Hellblau, Gelb und Pink · Masking Tape in Grün, Rot und Gelb, 5 mm breit · Prickelnadel · Klebepunkte mit Zahlen, ø 13 mm · Klebestift · Heißkleber · Fotokartonreste in Schwarz und Weiß

VORLAGE: S. 106

1. Zuerst seitlich ein kleines Loch mit der Prickelnadel in das Ei stechen und das Loch dann vorsichtig zu einer 3 cm x 4 cm großen Öffnung aufbrechen.

2. Die Eier mit Acrylfarbe bemalen und zum Trocknen am besten auf Schaschlikspieße stecken.

3. Für die Reifen nach Vorlage vier Kreise aus schwarzem Fotokarton und vier Kreise aus weißem Fotokarton ausschneiden und diese übereinander kleben. Die Räder anschließend seitlich mit Heißkleber an den Eiern befestigen. Achte dabei darauf, dass die Räder in gleichen Abständen am Ei befestigt sind und die Autos später stehen können.

4. Das Masking Tape der Länge nach um das Ei kleben. Die Zahlenaufkleber auf die Vorderseite der Eier-Autos kleben. Verziere die Eier mit einem Deko-Huhn und Hasen und das Rennen kann losgehen!

BLÜTENsilhouetten

(siehe Grundanleitung auf S. 92)

MATERIAL

MOTIVGRÖSSE: ca. 6 cm

Hühnereier in Weiß oder Hellbraun, hart gekocht · Zwiebelschalen, Heidelbeersaft und Matetee · alte Feinstrumpfhose · frische Blätter und Gräser · etwas Öl

1. Die Blätter und Gräser mit etwas Öl auf die Eier legen, ein Stück der Strumpfhose (ca. 20 cm lang) darüberlegen, straffziehen und auf der Rückseite verknoten oder mit einem Faden zusammenbinden (siehe Grundanleitung zu Reservierungstechnik auf S. 98).

2. Das Farbbad vorbereiten und die Eier nach Wunsch färben (siehe Grundanleitung auf S. 92). Die Eier aus dem Farbbad nehmen, etwas trocknen lassen, den Strumpf und die Pflanzen entfernen, dann die Farbreste abtupfen. Gehe dabei sehr vorsichtig vor.

3. Damit die Eier Glanz erhalten, werden sie nach dem Trocknen mit etwas Öl eingerieben.

TIPP:
SOLLTEN DIE PFLANZEN ETWAS ANGETROCKNET SEIN, KÖNNEN SIE KURZ INS WASSER GELEGT WERDEN. ABTUPFEN UND DANN ERST LÜCKENLOS AUFS EI LEGEN.

Wachs**BATIK**eier

1. Die Eier- oder Batikfarben nach Herstellerangaben in den Gläsern vorbereiten. Zeichne das Muster sanft mit Bleistift vor – nehme dir dabei die Vorlagen zu Hilfe.

2. Erwärme etwas Wachs, beispielsweise auf einem alten Löffel.

3. Als Malwerkzeug dient eine Stecknadel, die mit der Spitze in das Holzstück gesteckt wurde. Den Stecknadelkopf immer wieder in das heiße Wachs tauchen und die Muster (Punkte und Striche) auf das Ei zeichnen, die später weiß erscheinen sollen.

4. Dann wird das Ei in Farbe getaucht und nur kurz gefärbt, sodass die Färbung relativ hell bleibt.

5. Anschließend auf das bereits gefärbte Ei mit dem Wachs die Muster zeichnen, die nur zart gefärbt sein sollen. Das Ei nochmals in die gleiche Farbe oder, wenn du ein zweifarbiges Muster möchtest, in eine andere Farbe tauchen und lange und intensiv färben.

6. Zum Schluss die Eier mit etwas Öl einreiben, damit sie schön glänzen.

MATERIAL

MOTIVGRÖSSE: ca. 6 cm

Hühnereier in Weiß, ausgeblasen · Eierkaltfarben oder Batikfarben in Türkisblau, Dunkelblau, Bordeaux und Gelb · Wachskerze in Weiß oder Teelicht · alter Löffel · 4 Gläser, ca. ø 8 cm (für jede Farbe eines) · Stecknadel mit Kopf, ca. ø 2 mm · Holzstück, ca. ø 7 mm, ca. 10 cm lang · etwas Öl

VORLAGE: S. 106

Kratzel EIER

1. Die Eier nach Herstellerangaben färben. Das Muster von der Vorlage auf die Eier übertragen (siehe Grundanleitung auf S. 96) oder mit dem weißen Stift von Hand auf die Eier zeichnen.

2. Die Punkte und Linien vorsichtig mit dem Gravierwerkzeug auf der Oberfläche des Eis eingravieren (siehe Grundanleitung zu Kratztechnik auf S. 98). Zum Schluss die Eier mit etwas Öl einreiben, damit sie schön glänzen.

MATERIAL

MOTIVGRÖSSE: ca. 6 cm und 9 cm

Hühnereier in Weiß, ausgeblasen · Gänseei in Weiß · Eierfarbe oder Batikfarbe in Blau · Handglasgravierwerkzeug oder Graviergerät · Einsatzwerkzeug in Kugelform · etwas Öl

VORLAGE: S. 121

MATERIAL

MOTIVGRÖSSE: ca. 6 cm

Hühnereier in Braun, ausgeblasen ·
feiner und dicker Lackmalstift in Weiß ·
· feiner Lackmalstift in Schwarz ·
deckende Filzstifte (Dekomarker)
in Gelb, Rot und Braun

VORLAGE: S. 106

TIPP:

WENN DU MÖCHTEST, KANNST DU ZUERST MIT EINEM BLEISTIFT VORZEICHNEN. SO KANNST DU VERSCHIEDENE MOTIVE AUSPROBIEREN UND BEI BEDARF VORSICHTIG, DAMIT DAS EI NICHT ZERBRICHT, AUSRADIEREN ODER ABWASCHEN.

Niedliche HENNEN

1. Das Hennenmotiv auf ein oder mehrere Eier übertragen (siehe Grundanleitung S. 96). Die Körperlinien mit dem feinen weißen Lackmalstift nachfahren und das Motiv mit dem dicken weißen Lackmalstift ausmalen.

2. Kamm und Kehllappen mit dem roten, den Schnabel mit dem gelben Filzstift ergänzen. Das Auge mit dem schwarzen Lackmalstift aufsetzen und zum Schluss mit dem braunen Filzstift der Henne etwas Stroh als Sitzpolster malen.

3. Die anderen Eier nach Belieben freihändig mit dem weißen Lackmalstift verzieren. Ggf. die Muster nach Wunsch mit kleinen farbigen Details komplettieren.

Kunterbuntes
basteln mit
PAPIER

Achtung, Papierschlacht! Hier findest du zuckersüße
Oster-Grußkarten, Fensterbilder, Pflanzenstecker, Tischdeko
und vieles mehr, die sich spielend leicht aus Papier basteln
lassen und dein Zuhause zur Osterzeit verschönern.
Viel Spaß dabei!

EIERKRANZ
in Pastelltönen

MATERIAL

MOTIVGRÖSSE: 23 cm x 27,5 cm

Velourspapierrest in Weiß und Grau ·
Tonkartonrest in Türkis, Orange, Pink,
Gelb, Weiß und Schwarz · Tonkartonrest
in Lila mit weißen Punkten, Pink mit
weißen Punkten, Gelb mit weißen
Punkten, Rosa mit grünen Punkten und
Türkis-Weiß gestreift · 2 Halbperlen in
Schwarz, ø 5 mm · Pompon in Schwarz,
ø 14 mm · Motivstanzer Blume, ø 14 mm

VORLAGE: S. 107

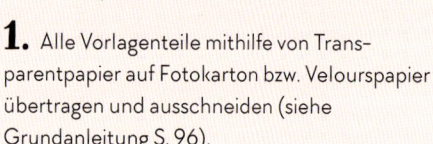

1. Alle Vorlagenteile mithilfe von Transparentpapier auf Fotokarton bzw. Velourspapier übertragen und ausschneiden (siehe Grundanleitung S. 96).

2. Schattiere die beiden türkisfarbenen Eier, die Blütenmitten und das orangefarbene Ringteil mit passenden Buntstiften.

3. Die Mundlinie des Hasen mit dem Cutter aufschneiden und die Zähne auf der Rückseite in die entstandene Öffnung einkleben. Die weiße Augenfläche auf das Gesicht und die grauen Veloursteile auf Ohren und Füße kleben. Fixiere anschließend die schwarzen Tatzen auf den Füßen und den orangefarbenen Ring unter den Achseln.

4. Nun befestige zuerst die Arme auf dem Körper und anschließend den Kopf auf den Armen. Den Pompon auf dem Gesicht als Nase anbringen.

5. Klebe die Eier und Blumen gemäß der Vorlage zu einem Ring zusammen. Befestige den Hasen mit dem orangefarbenen Ring von hinten auf dem Eierkranz. Die Arme liegen dabei links und rechts auf den Eiern.

6. Die ausgestanzten pinkfarbenen Blüten auf den türkisfarbenen Eiern befestigen.

Schnecken-
WINDLICHT

MATERIAL

MOTIVGRÖSSE: 38,5 cm x 10 cm

2x Transparentpapier mit weißen Punkten, je 20 cm x 10 cm · 2x Strukturkarton in Pink mit Punkten, je 10 cm x 2 cm · Tonkartonrest in Pink, Weiß, Rosa, Flieder und Lila · Tonkartonrest in Weiß mit bunten Tupfen · 2 Halbperlen in Schwarz, ⌀ 3 mm · Webband in Pink, 6 mm breit, 75 cm lang · Permanentmarker in Schwarz · Fineliner in Schwarz · Motivstanzer Blume, ⌀ 15 mm · Motivstanzer Herz, ⌀ 14 mm · Kerzenglas, ⌀ 12 cm, 18 cm hoch · Klebeband

VORLAGE: S. 109

1. Alle Vorlagenteile mithilfe von Transparentpapier auf Tonkarton übertragen und ausschneiden (siehe Grundanleitung S. 96). Mit den Motivstanzern 17 Blümchen und ein Herz ausstanzen (oder gemäß Vorlage zuschneiden).

2. Die unifarbenen Teile mit Buntstiften schattieren und die Konturlinien mit Fineliner aufmalen. Die Fühler mit Permanentmarker gemäß Vorlage auf einen der Transparentpapierstreifen malen.

3. Klebe den Körper und das Schneckenhaus gemäß Vorlage auf das Transparentpapier und fixiere die weiße Augenfläche und die Halbperlen darauf.

4. Je einen pinkfarbenen Streifen an die kurzen Seiten eines Transparentpapierstreifens kleben. Auf einer der Seiten den zweiten Transparentpapierstreifen von hinten befestigen.

5. Die Blümchen mit Klebekissen auf dem Transparentpapier verteilt anbringen. Den Streifen um das Glas legen und mit Klebeband fixieren. Zum Schluss das Webband um den oberen Rand des Glases legen und eine Schleife binden.

Alle Vorlagenteile mithilfe von Transparentpapier auf Tonkarton übertragen und ausschneiden (siehe Grundanleitung auf S. 96). Die Karten in der Mitte falzen, sodass jeweils eine Klappkarte entsteht.

HASE

1. Nase, Augen, Zähne, Karotte und das Karottengrün mit passenden Buntstiften schattieren. Das Gesicht und die Zahnlinien mit Fineliner aufmalen.

2. Schneide mit dem Cutter gemäß Vorlage einen Schlitz in die Schnauzenlinie, schiebe die Zähne in diesen Schlitz und fixiere sie von hinten an der Oberkante.

3. Nase und das weiße Augenteil auf das Gesicht kleben und die Pupillen befestigen. Zum Schluss dem Hasen noch rote Bäckchen malen und die Karotte auf der Innenseite der Karte fixieren.

VOGEL

4. Den Schnabel und die Augen mit Buntstiften schattieren. Klebe die weiße Augenfläche gemäß Vorlage auf das Gesicht. Die Augenbrauen mit Fineliner aufmalen.

5. Fixiere anschließend den Schnabel mit Klebekissen unterhalb der Augen. Zum Schluss die Halbperlen auf die Augenfläche kleben.

Tierisch freche GRUßKARTEN

MATERIAL

MOTIVGRÖßE: 13 cm x 13 cm (Hase) und 10 cm x 11,5 cm (Vogel)

Strukturkarton in Pink mit pinkfarbenen Punkten, 25 cm x 15 cm (Vogel) · Tonkarton in Beige mit weißen Punkten, 25 cm x 15 cm (Hase) · Tonkartonrest in Weiß, Grau, Grün und Orange · je 2 Halbperlen in Schwarz, ø 6 mm · Fineliner in Schwarz

VORLAGE: S. 108

Geflügelte
BLUMENSTECKER UND GESCHENKANHÄNGER

MATERIAL

MOTIVGRÖßE: 10 cm x 6 cm
(Vogel, ohne Stab) und
9,5 cm x 5,5 cm (Schmetterling)

Tonkartonrest in Türkis, Gelb, Orange,
Pink, Rosa · Tonkartonrest in Bunt
geringelt, Lila mit hellen Punkten,
Pink mit weißen Punkten und Weiß
mit bunten Punkten · Transparent-
papierrest in Weiß mit weißen
Tupfen · Wackelauge, ø 8 mm (je
Vogel) · 2 Wackelaugen, oval, 7 mm
lang (Schmetterling) · Pompon in
Pink, ø 7 mm · Basteldraht in Rot,
2 x 8 cm lang · Fineliner in Schwarz ·
Schaschlikspieße · Heißkleber

VORLAGE: S. 110

1. Alle Vorlagenteile mithilfe von Transparentpapier auf Tonkarton übertragen
und ausschneiden (siehe Grundanleitung
auf S. 96).

2. Die unifarbenen Teile mit Buntstiften
schattieren und die Zierlinien mit Fineliner
aufmalen.

3. Vogel: Den Schnabel und den Schwanz
gemäß der Vorlage auf der Rückseite des
Körpers fixieren. Den Flügel mit Klebekissen aufkleben und zum Schluss das
Wackelauge befestigen. Schmetterling:
Den Ringelkörper an den Kopf kleben und
die Flügel auf der Rückseite des Körpers
gemäß der Vorlage fixieren. Augen und
Nase auf das Gesicht kleben.

4. Für die Fühler wickelst du ein Drahtende zweimal um einen Schaschlikspieß.
Kürze den Draht auf die gewünschte Länge
und fixiere die Fühler mit Heißkleber auf
der Rückseite des Kopfes.

5. Wenn die Figuren als Blumenstecker
verwendet werden sollen, befestige mit
Heißkleber auf der Rückseite der Motive
einen Schaschlikspieß.

TIPP:
DIE MOTIVE EIGNEN SICH
HERVORRAGEND ALS
GESCHENKAUFKLEBER ODER MIT
EINEM BÄNDCHEN VERSEHEN ALS
ANHÄNGER AN BLUMENSTRÄUßEN.

MATERIAL

MOTIVGRÖßE: 33 cm x 34 cm

Tonkarton-Bilderrahmen in Rosa Weiß, 30 cm x 30 cm · Tonkarton in Beige, 20 cm x 30 cm · Tonkartonrest in Weiß und Pink · Tonkartonrest in Hellblau mit weißen Punkten, Taupe mit weißen Tupfen und Blau mit weißen Tupfen · Velourspapierrest in Gelb und Braun · Stickgarn in Pink, 2 x 10 cm lang · je 2 Halbperlen in Schwarz, ø 3 mm und 6 mm · 2 Perlen in Pink, ø 6 mm · Pompon in Weiß, ø 15 mm · Fineliner in Schwarz

VORLAGE: S. 109

SÜßER HASE
im Bilderrahmen

1. Die Mitte des Rahmen-Kartons ausschneiden (22,5 cm x 22,5 cm). Alle Vorlagenteile mithilfe von Transparentpapier auf Tonkarton bzw. Velourspapier übertragen und ausschneiden (siehe Grundanleitung S. 96). Die unifarbenen Tonkartonteile mit passenden Buntstiften schattieren.

2. Die Augen und den Schnabel auf den Körper des Kükens kleben. Die Perlen für die Füße auf das Stickgarn fädeln und mit einem Knoten fixieren. Die Beine auf der Rückseite des Huhns so aufkleben, dass sie insgesamt ca. 2,5 cm lang sind. Dazu das Stickgarn eventuell etwas kürzen.

3. Die Ohrinnenflächen und die Fußsohlen des Hasen gemäß Vorlage aufkleben. Das linke Hosenbein, dann die Beine und den Oberkörper auf der Rückseite der Hose fixieren. Die Hosentasche befestigen.

4. Klebe Nase, Augen und die Halbperlen auf den Kopf und male alle Zierlinien mit Fineliner auf die entsprechenden Teile.

5. Das Huhn auf dem Bauch des Hasen fixieren. Die untere Hand des Hasen aufkleben und anschließend den Arm darüber befestigen.

6. Klebe nun den Kopf auf den Körper. Fixiere den Hasen auf dem Rahmen und befestige den Pompon als Schwänzchen.

1. Die Schaschlikspieße wie auf der Vorlage kürzen und anschließend mit hellgrüner Acrylfarbe bemalen. Nun trocknen lassen.

2. Die Schmetterlinge, die pinkfarbene und die hellblaue Blume sowie die Blätter nach der Grundanleitung vom Vorlagenbogen abpausen, auf Fotokarton übertragen und ausschneiden. Für die Blätter kann auch eine Schablone angefertigt werden (siehe Grundanleitung S. 97). Die restlichen Blumen mit den Motivlochern aus Fotokarton ausstanzen.

3. Die Schaschlikspieße gemäß der Vorlage mit Heißkleber nebeneinander hinter den Blumentopf kleben. An den oberen Spießenden die ausgestanzten sowie die geschnittenen Blumen fixieren (vgl. Foto). Anschließend die Strasssteine auf die Blumen kleben und der hellblauen Blume mit Filzstift Punkte aufmalen.

4. Die grünen Blätter an die Stiele kleben. Das Herz unten auf dem Blumentopf dekorieren und mit weißem Lackstift die Kringel und den Punkt malen.

5. Die Schmetterlinge zusammensetzen, dafür die Flügel hinter den Körper kleben und diese mit Ornamenten schmücken. Handfegerborsten als Fühler von hinten an den Kopf kleben.

MATERIAL

MOTIVGRÖSSE: 17 cm

Fotokarton in Gelb, Hellorange, Rosa, Pink, Flieder, Lila, Hellgrün, Hellblau und Blau · 6 Schaschlikspieße · Strasssteine in Pink, Lila, Gelb und Grün · Motivlocher „Gänseblümchen", ø 2,5 cm und ø 5 cm · Motivlocher „Blume", ø 2,5 cm · 4 Borsten vom Handfeger · Acrylfarbe in Hellgrün · Pinsel · Lackstift in Weiß · Filzstift in Hellblau · Heißkleber

VORLAGE: S. 111

TIPP: VIELE VERSCHIEDENFARBIGE BLUMENTÖPFE DOPPELSEITIG ANFERTIGEN UND UNTEN AN EIN FENSTER DEKORIEREN. DAS SIEHT HÜBSCH AUS.

BLUMENBEET
fürs Fensterbrett

MOTIVGRÖSSE: 56 cm

Ast, 45 cm lang, ø 1,5 cm · Fotokarton
in Zitronengelb, Rosa, Hellgrün, Hellblau und Azurblau, A4 · Satinband in
Rosa, 1,80 m lang, 1 cm breit · 17 Perlen
in Rosa, ø 8 mm · Nähgarn in Weiß ·
Nähmaschine · Nähnadel

VORLAGE: S. 110

Schmetterlings-
GIRLANDE

1. Die Schmetterlingsvorlage vom Vorlagenbogen
abpausen und eine Schablone anfertigen (siehe Grundanleitung S. 97).

2. Die fertig aus Fotokarton ausgeschnittenen Schmetterlinge in der Körpermitte mit der Nähmaschine zusammennähen. Die Fadenenden abschneiden.

3. Die Schmetterlinge in der Reihenfolge unter den Ast
legen, wie sie auch aufgefädelt werden sollen, und dann von
unten nach oben arbeiten.

4. Die beiden äußeren Stränge und der mittlere Strang:
Am Kopf des Schmetterlings einen ca. 20 cm langen Faden
mit der Nähnadel einstechen, durchziehen und verknoten.
Nach 5 cm die rosa Perle auffädeln, den Faden um die Perle
herum und nochmals durch das Perlenloch führen. So hält

die Perle mittig auf dem Faden. Dann den Faden mit dem
Unterteil des nächsten Schmetterlings verknoten. Auf diese
Weise alle weiteren Tiere auffädeln und oben am Ast fest-
knoten, dann das überstehende Fadenende abschneiden.
Am mittleren Strang mit 8 cm Faden etwas mehr Abstand
zwischen den Motiven lassen.

5. Die beiden weiteren Stränge beginnen unten mit einer
Perle. Dafür den Faden durch die Perle führen, um die Perle
herum und wieder in das Loch fädeln und verknoten. Dann
das Fadenende nach ca. 5 cm unten am Schmetterling verknoten. Die beiden Stränge nun wie oben beschrieben
weiterarbeiten.

6. Zur Aufhängung ein 1,20 m langes Satinband an beiden
Seiten des Asts anknoten und auf die Knoten jeweils eine
Schleife aus 30 cm Satinband kleben.

Elegante BLUMENRANKEN
für Tisch und Tafel

1. Die Ranke und die Blütenblätter vom Vorlagen-bogen abpausen und auf Pappe kleben. Die ausge-schnittenen Motivteile sind dann deine Schablonen.

2. Die Blätterranke 7x aus weißem Fotokarton anfertigen. Pro Blume gibt es drei Blättergrößen. Diese drei Blättergrößen jeweils 6x ausschneiden. Alle Blütenblätter unten an der geraden Kante längs ca. 2 cm einschneiden.

3. Beginne mit der großen Blume. Hierzu die Blütenblätter an der runden Seite über eine Schere ziehen, sodass sich diese nach außen rollen. Die ein-zelnen Blütenblätter etwas an der eingeschnittenen Stelle übereinander kleben, sodass sich das Blüten-blatt wölbt.

4. Nun die gebogenen Blätter an den Seiten und unten zu einem Blütenkranz zusammenkleben. Dabei entsteht in der Mitte ein kleines Loch. Diesen Vor-gang mit allen drei Blütengrößen wiederholen. So entstehen drei Blütenkelche.

5. Den mittleren Blütenkelch in den großen kleben und den kleinen Blütenkelch in den mittleren. Nach dieser Technik die 5 Blumen anfertigen. Es sind ins-gesamt 90 Blütenblätter.

6. Für die Blütenmitte der rosa Blume ein 1 m langes und 4 cm breites Stück rosa Karton alle 5 mm 2 cm einschneiden. Das lange Fotokartonstück nun zu einer Spirale einrollen, dabei mit Heißkleber fixieren, sodass es nicht aufgeht. Die entstandene Blütenstempelrolle in die Blumenmitte kleben.

7. Blütenstempel: Für die pinken Blumen ein 70 cm und für die weißen Blumen ein 50 cm langes Foto-kartonstück mit einer Breite von 3 cm zuschneiden. Dann alle 5 mm 1,5 cm einschneiden. Zur Spirale drehen und den Blütenstempel in die Blumenmitte einkleben.

8. Die Blumen an den äußeren Blütenblättern aneinander zur Ranke kleben. Die fertig ausge-schnittenen Blätterranken wie auf der Abbildung verteilt unter die Blumen kleben.

MATERIAL

MOTIVGRÖSSE: 7 cm hoch, 60 cm lang

Fotokarton in Rosa, Pink und Weiß,
DIN A1 · Klebstoff · Pappe

VORLAGE: S. 112/113

MATERIAL

MOTIVGRÖSSE: 2 cm

Fotokarton in Hellgrün, A4 ·
Fotokartonreste in Weiß, Gelb,
Flieder und Lila · Transparent-
papier · Nähgarn in Weiß, 7 cm lang ·
Motivstanzer „Gänseblümchen",
ø 2,5 cm, ø 5 cm · Motivstanzer
„Blume", ø 1 cm, ø 1,5 cm, ø 2,5 cm ·
Locher · Lackstift in Weiß · Filzstift
in ellgrün · Cutter mit
Schneideunterlage

VORLAGE: S. 114

FRÜHLINGSKRANZ
mit Schmetterling

1. Den grünen Blätterkranz, die obere Blume und den
Schmetterling mit den Ornamenten vom Vorlagenbogen
abpausen. Auf Fotokarton übertragen und ausschneiden.

2. Die anderen Blumen nach Abbildung mit den Motivlochern ausstanzen. Dann die weißen Punkte mit einem
Locher ausstanzen und auf die Blumen kleben.

3. Alle Blumen auf den hellgrünen Kranz dekorieren. Die
rosa Blume mit weißem Lackstift bemalen.

4. Den gelben Schmetterling mit den bunten Ornamenten
bekleben und mit weißem Lackstift Punkte aufmalen.

5. Den 7 cm langen Garnfaden hinter der oberen rosa
Blume und hinter dem gelben Schmetterling so aufkleben,
dass der Schmetterling in der Kranzmitte schwebt.

6. Für die Kringel in Hellgrün drei 8 cm lange und 4 mm
breite Streifen anfertigen und über eine Schere ziehen,
sodass sie rund werden. Diese Kringel an drei Stellen hinter
die Blumen kleben, sodass sie nach vorne schauen.

7. Mit einem hellgrünen Filzstift jeweils drei Punkte verteilt
auf den Blumenkranz malen.

Körner-KÜKEN

1. Übertrage das Küken mithilfe der Vorlage auf den zitronengelben Tonkarton und schneide es mit der Schere aus.

2. Klebe das Wackelauge und die Körner auf das Küken. Verwende ordentlich Klebstoff und gehe Stück für Stück vor, da der Klebstoff sonst zu schnell trocknet und die Körner nicht gut halten.

3. Schneide aus dem orangefarbenen Tonkartonrest einen kleinen Schnabel aus und klebe ihn auf der Rückseite deines Kükens auf.

4. Klebe die beiden Tonkarton Quadrate und das Küken aufeinander. Zum Schluss zeichnest du mit dem schwarzen Stift die Beine und Füße des Kükens auf.

MATERIAL

Tonkarton in Zitronengelb, ca. 15 cm x 15 cm · Bleistift · Schere ·
Wackelauge, ø 1,5 cm · getrocknete Maiskörner oder weiße Bohnen ·
Alleskleber · Tonkarton in Orange, 15 cm x 15 cm und Rest · Tonkarton in
Goldgelb, 14 cm x 14 cm · Filzstift in Schwarz

VORLAGE: S. 110

BLÜTEN-
Kunstwerk

1. Suche dir die schönsten Frühlingsblüten in eurem
Garten zusammen und presse sie. Achte darauf, dass die
gepresste Blume nicht größer als 6 cm wird.

2. Den Bilderrahmen mit Acrylfarbe in Mineralweiß
streichen und die Farbe gut trocknen lassen.

3. Schneide aus dem Aquarellkarton 16 Quadrate mit den
Maßen 6 cm x 6 cm aus.

4. Aus dem Motivkarton Mi Teintes ebenfalls 16 Quadrate
ausschneiden, diese allerdings in einer Größe von 6,5 cm x
6,5 cm.

5. Klebe die getrockneten Blüten mit jeweils wenigen
Tropfen Klebstoff auf die Aquarellkartons, die du mit dem
Klebeband auf den farbigen Untergründen befestigst.

6. Fixiere den karierten Motivkarton mit dem doppel-
seitigen Klebeband auf dem Pappkarton und lege ihn als
Hintergrund in den Rahmen ein.

7. Befestige auf der Rückseite der Quadrate jeweils ein
Stück Schaumklebeband und bringe sie auf den Motivkarton
im Rahmen auf. Achte dabei darauf, dass du die Quadrate
nicht in Reih und Glied anbringst, sondern bring etwas
Dynamik ins Bild.

TIPP:
AUCH WER KEINE BLUMENPRESSE BESITZT,
KANN BLUMEN PRESSEN. BESONDERS GUT EIGNET
SICH DAFÜR EIN BUCH. LEGE KOSMETIKTÜCHER
ZWISCHEN DIE SEITEN, IN DIE DU DIE BLUMEN
LEGST. STELLE ETWAS SCHWERES
AUF DAS ZUGESCHLAGENE BUCH UND LASS DIE
BLÜTEN ETWA EINE WOCHE TROCKNEN.

SCHMETTERLINGE
als Pflanzenstecker

Fotokartonreste in Pastelltönen ·
Scoubidou-Band in Weiß,
2 x 3 cm lang · 2 Holzperlen in
Rot, ⌀ 4 mm · Draht in Rot,
4 x 6 cm lang · 3 Schaschlikstäbchen · Filzstift in Schwarz ·
Heißkleber

VORLAGE: S. 113

1. Übertrage die Vorlagen auf den Fotokarton und schneide die Elemente aus. Dann die Einzelteile wie abgebildet aufeinander kleben.

2. Die Gesichter mit Filzstift aufmalen. Für die Fühler jeweils eine Perle an ein Ende des Scoubidou-Bands kleben. Die Drähte mit einer Zange biegen.

3. Die Fühler und das Schaschlikstäbchen auf der Rückseite mit Heißkleber fixieren.

Schönes aus
HOLZ &
NATURMATERIAL

Ob aus Zweigen, Nüssen oder Baumrinde – die schönsten Materialien für diese Bastel-Projekte findest du in der Natur!

MATERIAL

MOTIVGRÖSSE: Rahmen:
34 cm x 30 cm
Vögel: ca. 10–11 cm lang

4 Holzleisten, Querschnitt
3 cm x 2 cm, 30 cm lang ·
Pappelsperrholzplatte,
3 mm oder 4 mm stark,
20 cm x 15 cm · 2 Eschenäste,
30 cm lang · 12 Sockelleisten-
stifte, 14 mm x 35 mm ·
Acrylfarbe in Schwarz und
Gelb · Relief-Liner in
Schwarz · Heißklebepistole ·
UHU Alleskleber (alternativ
Holzleim)

VORLAGE: S. 116

BALD IST FRÜHLING –
die Amseln kehren zurück

1. Der Rahmen besteht aus vier gleich langen Holzleisten, die mit acht Sockelleistenstiften zusammengenagelt werden. In den Rahmen die beiden Eschenäste einpassen und entweder mit Sockelleistenstiften oder mit der Klebepistole fixieren.

2. Die Vorlagen gemäß der Grundanleitung auf Seite 99 übertragen und alle Teile aussägen. Die Vogelflügel jeweils doppelt aussägen.

3. Sobald von allen Motivteilen die Sägeränder mit Schleifpapier geglättet wurden, können die Schnäbel und die Beine gelb bemalt werden. Die Rümpfe und die Flügel werden dann schwarz angemalt.

4. Anschließend werden die Flügel mit UHU Alleskleber beidseitig am jeweiligen Vogelrumpf angeklebt. Tupfe mit dem Relief-Liner noch die Augen auf.

5. Die fertigen Vögel mit der Klebepistole an den Aststücken bzw. am Rahmenboden fixieren.

Baumrinden-
TÖPFCHEN

1.

2.

MATERIAL

pro Topf · Blumentopf, ø 6 cm · Baumrinde für 10 Baumrinden-Streifen, ca. 3 cm breit, ca. 10 cm lang · Schleifenband in Blau, 0,6 cm breit, 50 cm lang · Weiden-kätzchen · Karton in Weiß oder Grau, Stück ca. 10 cm x 20 cm · Heißkleber · Gartenschere

1. Schneide aus der Baumrinde 10 Stückchen mithilfe der Gartenschere zu. Mit der Heißklebepistole am Topf befestigen. Achte dabei darauf, dass keine Lücke zwischen den Streifen entsteht.

2. Aus dem Karton frei Hand eine Form ausschneiden. Hier sind es ein Herz und eine Eiform (ø ca. 6 cm). Beklebe die Form mit Weidenkätzchen. Lege diese eng zusammen und befestige sie mit Heißkleber.

3. Oben an der Form mit einer dicken Nadel ein Loch machen und das Band durchziehen. Das Band um den Topf binden und vorne an der Figur mit einer Schleife fixieren.

Ast-HASEN

1. Säge den Ast etwa 8 cm unterhalb der Astgabel ab. Über der Astgabel lässt du die Zweige etwa 5 cm stehen, den Rest sägst du ebenfalls ab.

2. Wickle nun die Wolle unterhalb der Astgabel um den Ast. Das Ende einfach unter den Fäden einstecken.

3. Tupfe mit dem Wattestäbchen zwei weiße Augen und die Schnauze auf und male nach dem Trocknen der Farbe schwarze Pupillen auf.

4. Mache einen einfachen Knoten mittig in das Jutegarn, spalte die Enden auf und klebe den Knoten mittig auf die Schnauze.

1.

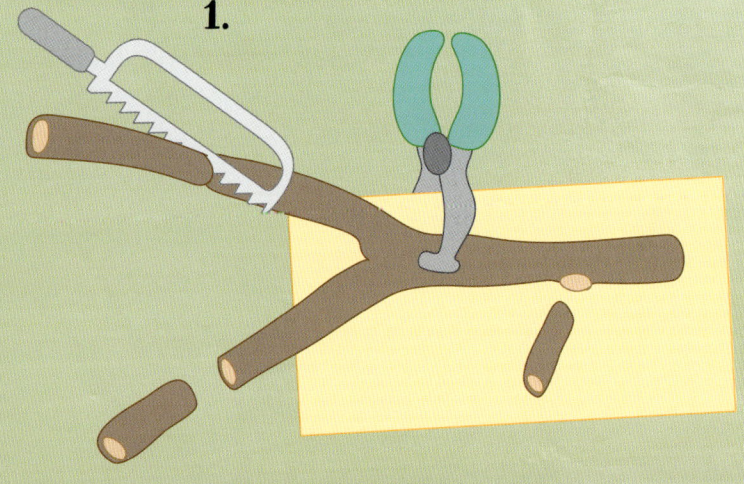

2.

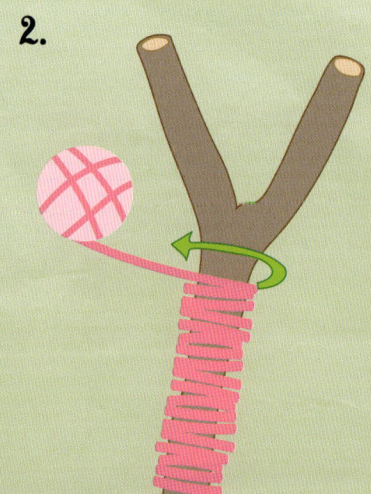

3.

4.

MATERIAL

Ast mit dicker Astgabel · Handsäge für
Kinder · Werkbank oder alter Tisch und
Schraubzwinge · dicke, flauschige
Wolle, z. B. in Rosa, Hellgrün oder
Gelb · Wattestäbchen · Bastelfarbe in
Weiß · Filzstift in Schwarz · Jutekordel,
6 cm lang · Alleskleber

1.

2.

3.

> **TIPP:**
> JE MEHR BLUMEN DU MACHST, UMSO GRÖSSER WIRD NATÜRLICH AUCH DEIN STRAUß. DU KANNST STATT DER VORGEGEBENEN BLÜTENFORM AUCH PRIMA SELBST HERUMEXPERIMENTIEREN UND EIGENE BLÜTENFORMEN AUS FILZ AUSSCHNEIDEN.

Zapfen-
BLUMENSTRAUß

MATERIAL

Tannenzapfen · Äste, ca. 30 cm lang · Bastelfilz in verschiedenen Farben · Acrylfarbe in verschiedenen Farben · Pinsel · Schere · Bastelkleber

VORLAGE: S. 121

1. Zuerst malst du die Enden der Zapfen mit etwas Acrylfarbe an. Lass die Zapfen gut trocknen.

2. Schneide aus Bastelfilz nach Vorlage eine große und eine kleine Blume aus und klebe sie mit Bastelkleber übereinander. Dann schnei-dest du nach Vorlage die Blätter aus Bastelfilz zurecht und knotest sie um einen Ast.

3. Klebe zuerst die Doppelblume auf die flache Schnittkante des Astes und lass den Kleber gut trocknen. Danach kannst du den Zapfen auf die Blume kleben.

Pfiffiger OSTERHASE

MATERIAL

frische, biegsame Zweige (z. B. Weide), ca. 32 Ruten á 1 m · Bindedraht · Moos · 120 Holzperlen in Bunt, ø 0,5–1 cm · Schleifenband in Grün, 10 cm breit, ca. 40 cm lang · Stoffblüte Gerbera in Pink, ø ca. 7 cm · Gartenschere · Heißkleber

1. Biege jeweils zwei frische Zweige zu einem Ring und fixiere die Enden mit Draht. Benötigt werden zwei Ringe: Einmal den Bauch mit einem Durchmesser von 38 cm und einmal den Kopf mit einem Durchmesser von 28 cm.

2. Schlinge um jeden Ring ca. acht weitere Ruten und fixiere diese mit Draht.

3. Für die beiden Ohren zunächst jeweils zwei Ruten zu einer Schlaufe legen und die Enden mit Draht befestigen. Nun ca. vier weitere Ruten um die Schlaufe schlingen und mit Draht fixieren.

4. Lege die beiden Ringe (Bauch und Kopf) aneinander und fixiere sie an den Schnittpunkten mit Draht. Die Ohren oben rechts und links am kleinen Kranz anlegen und ebenfalls mit Draht befestigen.

5. Lege nun kleine Stücke Moos um die Weidenkränze und umwickele diese mit Wickeldraht. Gehe so vor, bis die komplette Hasenkontur mit Moos abgedeckt ist.

6. Fädle nun Perlen auf den Draht und umwickele den Hasen mit der Perlenkette. Schiebe dabei die Perlen immer ein Stückchen weiter. Es ist einfacher, wenn man mit kürzeren Perlensträngen arbeitet und sich Stück für Stück vorarbeitet.

7. Zum Schluss die Schleife am Hals des Hasen festbinden und die Blüte mit Heißkleber aufkleben.

Natürliche FRÜHLINGSVASE

1. Wickel kleine Stücke Schleifenband um die einzelnen Äste und fixiere die Enden der Bänder mit Heißkleber.

2. Schneide die Äste mit einer Gartenschere auf eine Länge von ca. 25 cm bis 30 cm zu. Die Äste sollten auf jeden Fall etwas länger als die Glashöhe sein.

3. Bringe die Äste rund um das Glas an. Fixiere die Äste dafür mit etwas Heißkleber am Glas. Zusätzlich werden die Äste mit zwei bis drei Schleifenbändern befestigt, die um die Äste gewickelt werden. Verknote die Enden der Bänder und schneide die Enden schräg zu.

4. Stecke die Schmetterlinge mithilfe des Drahtes zwischen die Äste.

5. Fülle Wasser in die Gläser und dekoriere diese mit frischen Schnittblumen oder Zweigen.

MATERIAL

Milchflasche und/oder Marmeladenglas · pro Vase 12–15 Äste, ø ca. 2 cm, 25–30 cm lang · Schleifenbänder in Türkis, Grün und Weiß mit Punkten, 1–2 cm breit, jeweils ca. 100 cm lang · Federschmetterlinge auf Draht, ca. 6 cm groß · Gartenschere · Heißkleber · Schere · frische Schnittblumen

MATERIAL

Kantholz, ca. 2 cm x 2cm x 4 cm ·
Holzleistenrest, 4 mm stark, 1,5 cm x 2,5 cm
(für den Schwanz) · Zahnstocher · Acryl-
farbe in Zartrosa, Mintgrün und Hellblau ·
Säge · grobes Schleifpapier, 30er Körnung,
oder grobe Feile · feines Schleifpapier,
100er Körnung · Ringschraube, ⌀ 5 mm ·
Mini–Holzwäscheklammer, 1,5 cm groß ·
Filzstift in Schwarz · spitze Schere oder
Nadel · Holzleim oder Heißkleber

VORLAGE: S. 118

Bunte
VOGELSCHAR

An einem Frühlingsmorgen, wenn die Sonne gerade so
über den Horizont blickt, kann man sie hören – die vielen
Vögel, die nach einem langen Winter wieder zurück in ihrer
Heimat sind und den Tag mit ihrem fröhlichen Gezwitscher
begrüßen.

1. Säge den Vogelkörper aus dem Kantholz aus. Dafür den
unteren Teil etwas schräg ansägen (ca. 20°-Winkel).

2. Schleife die Schnittkanten glatt. Für den Kopf die Seiten
mit grobem Schleifpapier schräg anschleifen. Die Kanten etwas abrunden.

3. Bohre in das Kantholz mithilfe einer spitzen Schere oder
einer Nadel ein Loch vorne für den Schnabel und unten zwei
Löcher für die Beine.

4. Bemale alle Teile in einer Farbe. Lasse die Farbe gut
trocknen.

5. Schneide aus dem Zahnstocher zwei ca. 1,5 cm lange
Beine zu. Die Spitze des Zahnstochers wird für den Schnabel
verwendet. Als Schwanz dient das Stück Holzleistenrest, das
man auf eine Länge von ca. 2,5 cm zuschneidet und an den
Ecken etwas mit Schleifpapier abrundet.

6. Klebe die Beine, den Schwanz und den Schnabel mit
etwas Klebstoff fest. Die Augen werden mit einem Filzstift
aufgemalt.

7. Drehe die Ringschraube oben in den Vogel zum Aufhängen. Alternativ kann der Vogel auch auf eine kleine Wäsche-
klammer geklebt werden, lass die Beine bei dieser Variante
einfach weg.

Zauberhafte
BLÜTENSTEINE

MATERIAL

Steine, 7–10 cm groß ·
Dekoklebebänder in
verschiedenen Farben und
Mustern · Filzstift in Schwarz ·
Acrylfarbe in Pastellblau und
Pastellrosa · Pinsel · Bleistift ·
wetterfester Klarlack, Filz,
Klebstoff (optional)

VORLAGE: S. 116

1. Grundiere die Steine in der jeweiligen Wunschfarbe. Eventuell eine zweite Schicht auftragen. Lasse die Farbe gut trocknen, bevor weitergearbeitet wird.

2. Übertrage die Vorlage auf die grundierten Steine und male die Umrisse mit einem Bleistift noch einmal nach.

3. Reiße aus dem Dekoklebeband kleine Stücke und klebe diese leicht überlappend auf die Konturen der Zeichnung.

4. Zum Schluss die Konturen mit einem schwarzen Filzstift nachfahren.

5. Falls die Steine für den Außenbereich verwendet werden sollen, sollten die Steine mit wetterfestem Klarlack grundiert werden. Trage ein bis zwei Schichten auf und lasse den Lack gut trocknen.

6. Falls die Steine im Innenbereich verwendet werden sollen, kann man ein kleines Stück Filz mit Heißkleber unter die Steine kleben, so werden Möbel vor Kratzern geschützt.

PARTY-EULEN
mit Hut

MATERIAL

Eicheln · Permanentmarker in Schwarz und Weiß · Fotokartonreste in Gelb und in Farben nach Wahl · Feder in Gelb · Pompon, ø 1 cm · Basteldraht, ø 0,4 mm · Bügelperlen · Schere · Klebestift · Prickelnadel

VORLAGE: S. 118

1. Zeichne den Eicheln zunächst ein Gesicht mit schwarzem und weißem Permanentmarker auf. Dann schneidest du aus gelbem Fotokarton einen Schnabel nach Vorlage aus. Die Flügel schneidest du ebenfalls aus buntem Fotokarton aus. Klebe die Einzelteile an die Eule.

2. Für einen Partyhut schneidest du einen Halbkreis nach Vorlage aus Fotokarton aus und legst ihn zu einem Trichter zusammen. Klebe die überlappenden Seiten zusammen und befestige einen Pompon an der Spitze. Als Alternative kannst du mit einer Prickelnadel in die Spitze der Eichel stechen und dann eine kleine Federspitze mit etwas Kleber hineinstecken.

3. Für einen Sitzkreis nimmst du ein etwa 15 cm langes Stück Draht und fädelst ca. 30–35 bunte Bügelperlen auf. Biege das Ganze zu einem Kreis und verzwirble die beiden Drahtenden zu einem Strang. Dann kannst du deine Eulen mit Klebestift dort hinein kleben.

Fröhliche BIENEN

1. Fädle ca. 40 cm Draht auf eine Nadel, bis er doppelt liegt, und führe ihn der Länge nach durch die Nuss.

2. Unten ca. 1 cm Draht flach zusammenlegen und so die Nuss am Draht fixieren. Die oberen Drahtenden zum Aufhängen verwenden.

3. Die Nuss mit Klebstoff bestreichen und mit Garn in Gelb und Schwarz ca. 2 cm breit umwickeln, dabei immer je zwei gelbe und zwei schwarze Fäden gleichzeitig führen. Klebe die Garnenden auf der Rückseite fest.

4. Male Augen und Wangen mit Farbe auf. Als Nase wird ein Pfefferkorn aufgeklebt. Für die Fühler mit der Nadel zwei Löcher am Kopf bohren und die Blattstängel dort hindurch stecken.

5. Die Ahornflügel von den Samen trennen und je zwei Stück auf jeder Seite der Erdnuss als Flügel aufkleben.

MATERIAL

FÜR VIER BIENEN

4 Erdnüsse · Stickgarn in Gelb und Schwarz · 8 getrocknete Früchte des Ahornbaumes · 4 schwarze Pfefferkörner · Acrylfarbe in Rot, Schwarz und Weiß · 8 Blattstängel, ca. 3 cm lang · Draht in Gold, ø 0,5 mm · dicke Nadel

1.

2.

KERZENKRANZ

MATERIAL

aus Birkenzweigen

Metallkranz mit Kerzenhalterungen zum Aufhängen ·
Kerzen (passend zur Größe des Metallkranzes) ·
Birkenzweige · ausgeblasene Eier oder Plastikeier in Weiß ·
verschiedene Schleifenbänder in Hellblau, Rot und Gelb ·
Filzblütenbordüren in Hellgrün und Hellblau · kleine Gläser
mit ausgestelltem Rand · Wickeldraht in Silber · Tulpen in
Rot und Pink · Mimosenzweige

1. Die Birkenzweige mithilfe von Blumendraht locker um
den Metallkranz binden. Darauf achten, dass die Zweige
nicht in die Flamme ragen. Die Eier mit den Schleifenbändern und Bordüren bekleben.

2. Für die Aufhängung Schleifenbänder in der gewünschten Länge doppelt legen und zu Schleifen binden. Die
Schleifen mit etwas Draht am Ei befestigen und die Eier in
gleichmäßigen Abständen am Kranz anbringen.

3. Für die Gläser eine Aufhängevorrichtung aus Draht zu-
rechtbiegen, die Gläser einpassen und am Kranz befestigen.
Die Gläser mit etwas Wasser füllen (am besten mithilfe einer
kleinen Gießkanne) und die Tulpen und Mimosenzweige
hineinstellen.

VOGELHAUS
mit Piepshow

MATERIAL

MODELLGRÖSSE: 21 cm

Leimholz, 28 mm stark, 22 cm x 31 cm · Rundstab, ø 5 mm, 12 cm lang · Korken · Eisendraht, ø 1,6 mm, 15 cm lang · Ringschraube in Weiß · wasserfester Stift in Schwarz, Strichstärke F · evtl. Masking Tape · Mattlack · Schnur zum Aufhängen · Lochsäge für Holz, ø 7,5 cm · Holzbohrer, ø 6 mm · Holzbohrer, ø 3 mm, 15 cm lang · Schleifpapier mit mittlerer Körnung

VORLAGE: S. 115

1. Zunächst die Vorlage mithilfe von Pauspapier und Bleistift auf das Leimholz übertragen.

2. Säge dann die Konturen des Vogelhauses mit der Stichsäge aus.

3. Das Loch für die Futterkugel mit der Lochsäge sägen.

4. Die beiden Löcher für die Sitzstange und den Eisendraht mit den jeweiligen Holzbohrern bohren.

Dabei darauf achten, dass das gegenüberliegende Loch für den Eisendraht tief genug ist, damit das Drahtende später vogelsicher darin versenkt werden kann.

5. Glätte alle Kanten und Unebenheiten mit dem Schleifpapier.

6. Das Vogelhaus fröhlich bunt bemalen.

Frühlingshafte
DIYS

In diesem Kapitel warten bunte DIY-Projekte aus Filz, Wolle, Knete, Salzteig und Co. auf dich. Freu dich auf wilde Schnecken-Wettrennen, gehäkelte Ostereier, süße Filzschafe und kleine Pompon-Küken. So bunt wie der Frühling!

Auf dem
HÜHNERHOF

MATERIAL

HENNE BERTHA

MODELLGRÖSSE: 21 cm

Filz in Weiß, 1–2 mm stark, 15 cm x 20 cm ·
Filzreste in Rosa und Gelb Sticktwist in
Weiß · Satinkordel in Rosa, ø 3 mm, 20 cm
lang · 2 Plastikhalbperlen in Schwarz,
ø 3–4 mm · Spitzenband in Weiß,
1,2 cm breit, 20 cm lang

VORLAGE: S. 117

1. Die Körperform und die Flügel doppelt ausschneiden.
Die rosarote Kordel in drei Schlaufen legen und mit Textilkleber auf das hintere Körperteil kleben. Die Flügel ebenfalls
dort fixieren. Dann die zwei weißen Teile mit dem weißen
Stickfaden zusammennähen (Vorstich).

2. Das Spitzenband auf den Rand kleben oder mit einer
dünnen Nadel und dünnem Faden darüber nähen. Schnabel
und Füße ausschneiden und fixieren.

3. Die Flügel mit einem kleinen Stich mit einer dünnen
Nadel und weißem Faden am Bauch annähen oder ankleben. Zum Schluss Augen und Wangen gestalten. Für die
Augen kannst du schwarz bemalte Halbperlen aufkleben
oder sie mit wasserfestem Filzstift aufmalen. Für die Wangen
eignen sich Stempelkissen, ein abgeriebener Buntstift oder
auch Puderrouge.

MATERIAL

KÄTHCHEN KÜKEN

MODELLGRÖSSE: ca. 11 cm hoch

Filz in Hellgelb, 1–2 mm stark,
15 cm x 20 cm · Filzreste in Gelb,
Orange und Mittelblau · Sticktwist in
Gelb · Plastikhalbperlen in Schwarz,
ø 3–4 mm

VORLAGE: S. 117

1. Die Form des Kükens und die Flügel doppelt aus hellgelbem Filz ausschneiden.

2. Das gelbe Rechteck für die Kopffedern ausschneiden und wie auf der Vorlage abgebildet einschneiden. Mit einem dünnen Faden zusammenbinden. Die Füße mit einer kleinen Schere ausschneiden.

3. Flügel, Füße und Kopffedern auf das hintere Körperteil legen (evtl. festkleben) und das andere Teil darüberlegen. Mit gelbem Stickfaden das Küken zusammennähen (Vorstich).

4. Die zwei Teile des Schnabels mit Textilkleber so aufkleben, dass er ein bisschen offen bleibt. Augen und Wangen wie auf S. 60 beschrieben gestalten. Das Küken direkt auf das Ei setzen und mit Lebensmittelfarbe einen kleinen Bauchpunkt aufmalen.

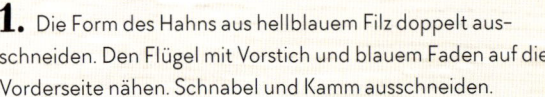

1. Die Form des Hahns aus hellblauem Filz doppelt ausschneiden. Den Flügel mit Vorstich und blauem Faden auf die Vorderseite nähen. Schnabel und Kamm ausschneiden.

2. Die neun Streifen für den Schwanz aus verschiedenen Farben zurechtschneiden, mit einem dünnen Faden zusammenbinden und mit wenig Textilkleber im Inneren des Hahns fixieren, genauso den Schnabel und den Kamm. Mit Vorstich die Form rundherum zunähen, unten bleibt offen.

3. Das weiße Auge ausschneiden und die schwarze Halbperle aufkleben. Die zwei Füße jeweils doppelt ausschneiden, je ein Kordelstück dazwischen kleben und die Füßchen von innen an den Körper kleben.

MATERIAL

HAHN HANNES

MODELLGRÖSSE: ca. 10 cm hoch

Filz in Hellblau, 1–2 mm stark,
15 cm x 20 cm · Filzreste in Weiß, Rosa,
Orange, Gelb, Mittelblau und Hellgrün ·
Sticktwist in Blau · Plastikhalbperle in
Schwarz, ø 3–4 mm · Satinkordel in Rosa,
ø 3 mm, 5 cm lang

VORLAGE: S. 117

MATERIAL

EI, EI, EI

MODELLGRÖSSE: ca. 11 cm hoch

Filz in Weiß, 1–2 mm stark,
15 cm x 20 cm · Filzrest in Gelb oder
verschiedenen Farben · Sticktwist in
Weiß · Satinkordel in Rosa, ø 3 mm, je
8 cm lang

VORLAGE: S. 117

1. Die Form des Eies aus weißem Filz doppelt ausschneiden (Grundform von Küken verwenden). Das rosarote Kordelstück als Schlaufe einkleben. Das gelbe Dotter ausschneiden und aufnähen oder die Kreise einzeln aus verschiedenen Farben ausschneiden und mit Textilkleber fixieren.

2. Mit einem weißen Faden Vorder- und Rückseite zusammennähen (Vorstich).

SCHNECKEN
mit Filzhaus

MATERIAL

Ast, ø 1,5 cm, 8 cm lang · Acrylfarbe oder Abtönfarbe in Gelb oder Beige ·
Pinsel · Bastelfilz, 1–2 mm stark, in zwei passenden Farben · Schere ·
UHU® Alleskleber Gel · 2 Reißnägel in Weiß · 2 Wackelaugen, ø 1 cm

1. Bemale den Ast am vorderen Ende mit der Farbe, damit die Schnecke ein Gesicht bekommt. Lass die Farbe gut trocknen.

2. Schneide von dem Filz in jeder Farbe zwei Streifen ab, jeweils 1,5 cm breit und 30 cm lang.

3. Lege die Filzstreifen aufeinander und rolle sie zu einem Schneckenhaus auf. Die Enden schneidest du auf die gleiche Länge und klebst sie fest, damit sich das Schneckenhaus nicht mehr entrollt.

4. Klebe das Schneckenhaus auf den Ast. Stecke vorn zwei Reißnägel als Fühler ein und klebe zum Schluss die zwei Wackelaugen auf.

SALZTEIG-
Anhänger

MATERIAL

Salzteig (siehe Grundrezept auf Seite 65) ·
Teigrolle · Glas oder Schale, ø ca. 8 cm ·
Blüten und Blätter

1. Rolle den Salzteig mit dem Nudelholz aus, bis er
etwa fingerdick ist.

2. Mach mit dem Rand der Schale einen leichten Ab-
druck in den Teig und lege den Kreis mit Blüten und
Blättern aus.

3. Rolle leicht mit dem Wellholz über den Kreis, damit
die Blüten und Blätter in den Teig gedrückt werden.

4. Stanze den Kreis mit der Schale aus und lass ihn
auf einem Backblech bei 125 Grad etwa 1,5 Stunden
im Backofen trocknen.

1.

2.

3.

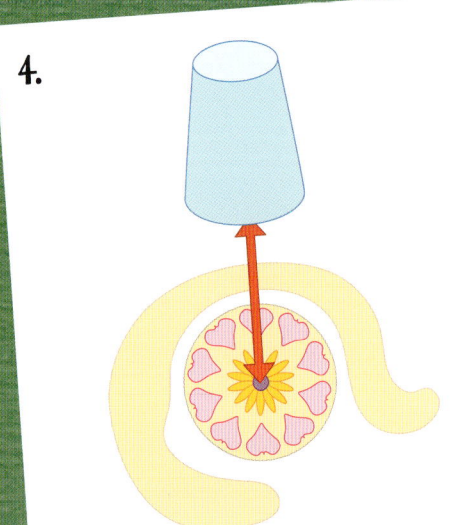

4.

Salzteig-Grundrezept

2 Teile Mehl · 1 Teil Salz ·
1 Teil Wasser

1. Gib die Zutaten in eine Schüssel und verkne-
te sie mit der Hand, bis ein geschmeidiger Teig
entsteht. Sollte der Teig noch bröseln, gibst du
ein ganz klein wenig Wasser dazu. Ist er zu klebrig,
knetest du etwas Mehl ein.

2. Für einen bunten Salzteig knetest du etwas
flüssige Lebensmittelfarbe unter. Gib einfach ein
paar Tropfen auf den Teig und arbeite die Farbe
gut ein, bis alles gleichmäßig durchgefärbt ist.
Sollte der Salzteig durch die flüssige Farbe weich
werden, einfach noch etwas Mehl zugeben.

3. Forme aus dem Teig wie beim Kneten dein
Objekt und lass es ein bis zwei Tage an der Luft
trocknen. Dann schiebst du den Salzteig bei
100 °C in den Backofen und lässt ihn aushärten.
Auf dem Backblech auskühlen lassen.

MOTIVGRÖSSE

11,5 cm lang

Acrylwolle, Nadelstärke 3–4,
in Irisblau, Kobaltblau, Weiß,
Schwarz und Gelb ·
2 Renaissance-Perlen in
Schwarz, ⌀ 6 mm · Vogelschnabel
in Anthrazit · 2 Vogelfüße in
Anthrazit · reißfestes Garn ·
UHU Bastelkleber

SCHABLONEN

Kopf: 2x Ring, ⌀ 4 cm/2 cm ·
Körper: 2x Ring, ⌀ 7,5 cm/3 cm ·
Schwanz (A): Rechteck,
1,5 cm x 7,5 cm

TIPP:
BLAUMEISEN SIND DAS GANZE
JAHR ÜBER IN UNSEREN GÄRTEN
ZU GAST UND TRILLERN IHR
FRÖHLICHES LIED. NEUGIERIG UND
KECK KLETTERN SIE AUCH SCHON
MAL KOPFÜBER AN ZWEIGEN, UM
NACH INSEKTEN ZU SUCHEN.

Freche BLAUMEISE

VORBEREITUNG

Die Schablonen wie in der Grundanleitung beschrieben
anfertigen (siehe S. 97). Dort wird auch das Anfertigen eines
Pompons und das Arbeiten mit dem Wickelmuster ausführ-
lich erklärt. Beim Kopf wird der Faden zum Wickeln doppelt
gelegt; beim Körper wird der Faden vierfach gelegt.

KOPF

1. RUNDE: Für den Kehlstreifen ein Viertel mit Schwarz
umwickeln. Es folgen im Uhrzeigersinn Weiß, Irisblau und
wieder Weiß. Danach für den Augenstreifen am Hinterkopf
zweimal Schwarz um die Pappringe wickeln. Die Runde mit
Kobaltblau schließen.

2.–4. RUNDE: Zuerst die beiden Augenstreifen zweimal
mit Schwarz umwickeln, dann die Flächen dazwischen füllen.
Dabei die weiße Wolle von Runde zu Runde weiter die blau-
en Bereiche überlappen lassen.

5. RUNDE: Das Muster fortsetzen und zum Abschluss
erneut die beiden Augenstreifen zweimal mit Schwarz umwickeln, sodass sie eine durchgängige Linie bilden.

KÖRPER

1. RUNDE: Das Rechteck A für den Schwanz zwischen
den beiden Pappringen einstecken, sodass es innen bündig
ist. Das Rechteck viermal mit Iris/Kobalt (2:2, also je zwei
Fäden) umwickeln. Danach im Uhrzeigersinn die Pappringe
umwickeln, zuerst mit Gelb/Weiß (2:2), dann mit Schwarz,
mit Gelb und schließlich mit Kobaltblau.

2.–5. RUNDE: Der Schwanz ist nach der ersten Runde
fertig. Ab jetzt wird also nur um die Pappringe gewickelt.
Dabei darf der Ansatz des Schwanzes im Innern der Ringe
überwickelt werden. Gewickelt wird Reihe für Reihe nacheinander mit Gelb/Weiß (2:2), Gelb und Kobalt.

6.–7. RUNDE: Der Bereich unterhalb des Schwanzes wird
weiter mit Gelb/Weiß (2:2) umwickelt. Der Rest wird mit
Iris/Kobalt (2/2) gearbeitet. Dadurch ergibt sich später die
Flügelform.

FERTIGSTELLUNG

Die beiden Pompons fertigstellen, in Form schneiden und
schließlich mit den Abbindefäden verbinden. Die genaue
Anleitung dafür gibt es in der Grundanleitung. Dort wird
auch gezeigt, wie der Schwanz in Form gebracht wird. Zum
Schluss die Augen, den Schnabel und die Füße in den
Pomponvogel kleben.

FLATTERNDE Wimpelkette

16 Baumwollstoffe in verschiedenen Farben, je 16 cm × 50 cm · vorgefalztes Schrägband in Gelb, 3 cm breit, 3,5 m lang · Nähmaschine · Rollschneider

1. Die 16 Stoffstücke links auf links doppelt legen und wie abgebildet zuschneiden.

2. Die ersten 50 cm des Schrägbands freilassen, dann das Schrägband nacheinander um die doppelt liegenden Stoffwimpel falten und mit Stecknadeln gut feststecken. Dabei immer ca. 1–2 cm Abstand zwischen den Wimpeln lassen.

3. Zum Schluss mit der Nähmaschine knappkantig entlang der offenen Schrägbandkante nähen. Fertig ist der Spaß!

Kleines FILZSCHAF

MATERIAL

MOTIVGRÖSSE
13 cm lang

Styropor®-Ei, 8 cm x 11 cm · Styropor®-Ei, 4,5 cm x 6 cm · Filzwolle in Weiß (20 g), in Schwarz, Rosa und Braun (je 1 g) · Zahnstocher · Band in Rot-Weiß kariert, 0,5 cm breit, 20 cm lang · Glöckchen in Silber, ø 1,3 cm

1. Die beiden Styropor®-Eier mit weißer Filzwolle umfilzen. Augen, Nase und Mund auf das kleinere Ei filzen.

2. Jetzt werden die Ohren gefertigt. Hierfür wird die weiße Filzwolle vierfach übereinandergelegt und zusammengefilzt. Dann wird die Ohrenform zweimal ausgeschnitten, die Ränder werden nachgefilzt und von der Innenseite etwas Filzwolle in Rosa angebracht. Filze die zwei Ohren anschließend am Kopf an.

3. Filze für die Beine vier Rollen von je 3,5 cm Länge und 2 cm Durchmesser. An einem Ende im 45°-Winkel abschneiden und an den Schafskörper filzen. Die Übergänge sollten durch Aufsetzen von zusätzlicher Filzwolle verstärkt werden.

4. Dann wird der Schwanz des Schäfchens gefilzt: eine Rolle (ø 1,5 cm und 3 cm lang) fertigen, ein Ende im 45°-Winkel abschneiden und hinten an der breiteren Körperseite ansetzen.

5. Klebe den Zahnstocher zur Hälfte in den Körper und lasse den Klebstoff trocknen. Auf die andere Hälfte des Stäbchens den Kopf kleben.

6. Zum Schluss wird das Glöckchen an das Band geknotet und dem Schäfchen mit einer Schleife um den Hals gebunden.

MUNTERE Kükenschar

MATERIAL

MOTIVGRÖSSE
ca. 4 cm

PRO KÜKEN
Schachenmayr Bravo in Gelb
(Fb 8210) · Bastelfilzrest in Orange,
2 mm stark · 2 Wackelaugen, ø 4 mm ·
Pomponschablone, ø 4,5 cm

VORLAGE: S. 114

1. Einen Pompon in Gelb wie in der allgemeinen Anleitung auf Seite 103 beschrieben anfertigen. Den fertigen Pompon rundum um ca. 1 cm stutzen. So wird er dichter und fester.

2. Filzschnabel und Filzfüße gemäß Vorlage ausschneiden und zusammen mit den Wackelaugen ankleben.

MATERIAL

bunte Faltkarten, A6 · Fotokarton in Weiß, A4 · Masking Tape nach Wunsch · Bastelfilz in Gelb, 20 cm x 30 cm · Bastelfilzrest in Orange und Schwarz · bunte Federn · Nähgarn in Gelb · Nähnadel · Bastelkleber

VORLAGE: S. 119

Kleiner
KÜKENGRUß

1. Schneide das Ei der Vorlage aus Fotokarton aus und verziere es mit bunten Masking Tape-Streifen. Den Rand auf der Hinterseite entlang der Rundung mit Bastelkleber bestreichen und das Ei auf die Vorderseite einer Faltkarte kleben.

2. Jetzt lässt du das Küken schlüpfen. Dazu schneidest du aus gelbem Bastelfilz nach Vorlage zwei Küken-Grundkörper aus. Mit Nadel und gelbem Faden nähst du entlang der Außenkanten beide Filzstücke aufeinander. Nur die Öffnung unten bleibt für den Finger offen.

3. Schneide dir aus orangefarbenem Filz einen Schnabel zurecht und klebe ihn mit einem dünnen Streifen Bastelkleber auf deine Fingerpuppe auf. Zwei Augen aus schwarzem Filz gesellen sich dazu.

4. Zum Abschluss klebst du die Spitze einer bunten Feder auf der Hinterseite deines Kükens fest und steckst die Fingerpuppe in das Ei auf der Karte.

Flotte
LIBELLEN

1. Male mit dem Wattestäbchen bunte Streifen auf den Ast und lass die Farbe trocknen.

2. Wenn du magst, kannst du die Ahornflügel mit ein paar Punkten verzieren und trocknen lassen.

3. Lege den Chenilledraht um die Ahornflügel und verdrehe die Enden oben miteinander.

4. Klebe die Flügel auf den Ast und biege die Chenilledraht-enden als Fühler auseinander.

MATERIAL

Wattestäbchen · Ast, 10 cm lang · Bastelfarbe in Pink und Orange oder Grün, Türkis und Gelb · 2 Ahorn-Samenflügel · Chenilledraht in Pink oder Gelb, 12 cm lang · Bastelkleber

MATERIAL

Filztopfbänder in Pastelltönen · passende Karobänder, 10 mm breit und jeweils 30 cm lang · passendes Stickgarn · Nähgarn · Tonkarton für die Schablonen · Sticknadel · Nähnadel · Stecknadel · Schere mit langem Scherblatt

VORLAGE: S. 118/119

Herzige
PASTELLANHÄNGER

1. Übertrage die Vorlagen auf Tonkarton. Die Schablone aus Tonkarton mit einer Stecknadel auf dem Topfband feststecken.

2. Schneide für jeden Anhänger das entsprechende Motiv zweimal aus dem Filz aus.

3. Die beiden Teile eines Anhängers aufeinanderlegen und mit dem Stickgarn zusammennähen. Verwende dazu einen attraktiven Auf-und-Ab-Stich und ziehe die Naht kräftig zu, damit der Anhänger Volumen bekommt.

4. Die Karobänder in der Mitte falten und die Enden verknoten. Die Aufhänger unauffällig hinten am Knoten an die Filzanhänger annähen.

5. Ein solches Frühlingsensemble lebt durch das Farbspiel. Lass dich inspirieren von aktuellen Trends und wähle harmonische Kontrastfarben für den Filz, die Bänder und das Stickgarn.

Fröhliche SONNENBLUMEN

MATERIAL

MOTIVGRÖSSE
ca. 18 cm

2 Tontöpfe, ø 5,5 cm, 5 cm hoch · Acrylfarbe in Pastellgelb, Rosa und Weiß · Zackenlitze in Weiß, 0,8 cm breit, 40 cm lang · Wollvlies in Olivgrün (5 g), Hellgrün (1 g) und in Weiß (5 g) · Filzwolle in Hautfarbe (2 g) und in Rot, Hellblau, Schwarz, Rosa und Gelb (je 1 g) · Steckmasse, 12 cm x 6 cm · 2 Schaschlikstäbchen · 2 Styropor®-Kugeln, ø 5 cm

VORLAGE: S. 120

1. Zuerst werden die Styropor®-Kugeln mit einem kleinen Messer oder Cutter halbiert. Zwei Hälften werden in Hautfarbe und zwei Hälften in Weiß gefilzt. Auf die hautfarbenen Hälften setze mittig eine kleine, ovale Kugel als Nase, anschließend das Gesicht und die Wangen auffilzen.

2. Für die Blütenblätter werden zwei Lagen Wollvlies in Weiß aufeinandergefilzt und der innere und äußere Streifen ausgeschnitten. Auf den inneren, kleineren Streifen befestigst du mit der Nadel wenig Filzwolle in Gelb bzw. Rosa. Nun schneidest du

die Zacken mit der Schere ein – ca. 0,5 cm breit und 0,5 cm tief bei den kleineren Streifen bzw. 1,5 cm tief bei den größeren Streifen. Die Streifen werden in zwei Reihen von der Rückseite um das Gesicht geklebt.

3. Für die Blätter das olivgrüne Wollvlies vierfach legen und zusammenfilzen. Dann die Blätter gemäß Vorlage ausschneiden. In der Blattmitte einen hellgrünen Streifen anbringen, den Rand der Blätter mit der Nadel nachfilzen.

4. Die Schaschlikstäbchen auf 15 cm kürzen. Von dem olivgrünen Wollvlies werden ca. 1 cm breite Streifen ausgeschnitten und um die Schaschlikstäbchen gewickelt. Der Anfang und das Ende werden festgeklebt. Klebe das Schaschlikstäbchen hinter die Blumen, und befestige von der anderen Seite die in Weiß gefilzte Styropor®-Kugel.

5. Die Blumentöpfe werden außen und innen farbig angemalt und nach dem Trocknen auf der Außenseite die weißen Punkte aufgetupft. Anschließend um den Tontopfrand die Zackenlitze kleben. Fülle die Blumentöpfe mit der Steckmasse aus. Schneide schließlich Kreise aus olivgrünem Wollvlies (ø 5 cm) aus, schneide in deren Mitte ein kleines Loch und klebe diese dann auf die Steckmasse. Die Schaschlikstäbchen mit den Blumen in die Töpfchen stecken.

MATERIAL

Schneckenhäuser · Knete „Super
Fluffy" · je 2 Wattekugeln, ø 10 mm ·
Permanentmarker in Schwarz ·
dünne Äste · Bastelkleber

Schnecken-
WETTRENNEN

1. Zuerst formst du aus einem walnussgroßen Stück Knete
eine kleine Wurst. Rolle die Knete dazu am besten zwischen
deinen beiden Handflächen. Dann drückst du ein Drittel nach
oben. Das wird später der Kopf der Schnecke. Den Rest der
Knetwurst drückst du etwas flach. Jetzt drückst du das
Schneckenhaus auf den flachen Teil der Knete.

2. Als Nächstes brichst du zwei kleine Äste zu Schnecken-
fühlern zurecht und steckst sie in die Spitze des Kopfes.

3. Nun fehlen nur noch die Augen. Dafür bemalst du zwei
Wattekugeln mit einem Permanentmarker und klebst sie,
wenn die Knete getrocknet ist, mit Bastelkleber am Kopf an.

Die neueste
MASCHE zu Ostern

1. Für diese schicken Ostereier soll-
test du ein bisschen häkeln können. Du
brauchst nur Luftmaschen (LM) und
feste Maschen (FM) – und ein Plastikei.
Ganz einfach also!

2. LM anschlagen und in die erste LM
8 FM häkeln. Jetzt nimmst du in jeder
Runde Maschen dazu:
1. Runde: in jede 2. Masche je 2 FM
häkeln
2. Runde: in jede 3. Masche je 2 FM
häkeln
3. Runde: in jede 4. Masche je 2 FM
häkeln
4. Runde: in jede 5. Masche je 2 FM
häkeln
5. Runde: in jede 6. Masche je 2 FM
häkeln
6.–13. Runde: normale Runden häkeln;
danach nimmst du wieder Maschen ab
14. Runde: immer jede 6. und 7. Masche
zusammenhäkeln
15. Runde: eine Runde häkeln und das
Plastikei mit der Spitze nach unten ein-
legen
16. Runde: immer jede 5. und 6. Masche
zusammenhäkeln
17. Runde: immer jede 4. und 5. Masche
zusammenhäkeln
18. Runde: immer jede 3. und 4. Masche
zusammenhäkeln

3. Dann immer zwei Maschen zusammenhäkeln, bis das Ei geschlossen ist.

Pfiffige

HASENGIRLANDE

MATERIAL

4 Wollfilzplatten in Creme, DIN A5 · 3 Wollfilzplatten in Pastellrosa,
DIN A5 · Heißkleber · 6 Pompons in Weiß und Rosa, ø 1 cm · Kordel
in Hellblau, ca. 150 cm lang · Schere · Stickgarn in Pink · Nadel

VORLAGE: S. 120

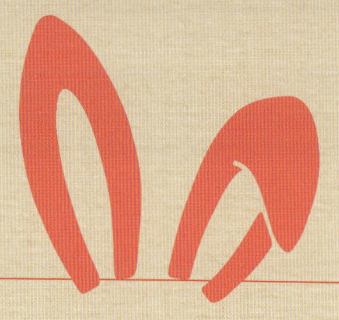

1. Übertage die Vorlagen auf den Wollfilz. Für jeden Hasen zweimal die Vorlage auf den Filz übertragen, also insgesamt 12 Hasen, sechs auf die cremefarbenen Platten und sechs auf die rosafarbenen Platten. Die Vorlage für das Ei ebenfalls zweimal auf den cremefarbenen Wollfilz übertragen.

2. Schneide die Hasen und das Ei mit einer Schere aus.

3. Lege die Kordel zwischen die beiden Filzlagen und klebe die beiden Hasenteile mit Heißkleber zusammen. Achte darauf, dass die Kordel gut fixiert ist.

4. Sticke die Nasen mit pinkfarbenem Garn auf. Für das Hasenschwänzchen klebst du den Pompon mit einem Klecks Heißkleber auf. Die weißen Pompons auf die rosafarbenen Hasen, die rosafarbenen Pompons auf die cremefarbenen Hasen.

5. Schneide aus rosafarbenen Wollfilz eine Zackenbordüre aus und klebe diese mittig auf das Ei.

6. Zum Schluss bekommt jeder Hase noch eine kleine Schleife aus der Kordel um den Hals gebunden.

MATERIAL

verschiedene Gläser mit
Schraubdeckel · Acryllack in
Hellgrün, Hellblau, Rosa, Gelb
und Orange · bunte Deko-Küken,
3 cm hoch · Satinband in
verschiedenen Farben ·
Sekundenkleber

Küken-GLÄSER

1. Die Deckel der Gläser abschrauben und von Staub- und Fettresten befreien. Dann bekommen sie einen Anstrich mit Acryllack. Gut trocknen lassen und ein zweites Mal darüberstreichen.

2. Die bunten Deko-Küken werden mit Sekundenkleber mittig auf den Schraubdeckel geklebt. Jetzt kannst du nach Belieben Süßigkeiten oder andere Osterüberraschungen in die Gläser füllen.

3. Die Deckel auf die Gläser schrauben und dann bunte Satinbänder von ca. 20 cm Länge zurechtschneiden. Einmal um den Deckel herumlegen und festknoten. Falls die Spitzen zu lang überlappen, einfach die Enden kürzer schneiden. Fertig ist eine Portion Osterglück der ganz besonderen Art!

LECKEREIEN
rund um das große
OSTERFEST

Beim Osterfest mit Familie und Freunden darf natürlich auch
der Genuss nicht zu kurz kommen. In diesem Kapitel findest du
verspielte Oster-Rezepte für groß und klein. Guten Appetit!

Gebackener EIERHASE

ZUTATEN

REZEPT FÜR DEN TEIG:

375 g Mehl · 20 g Hefe · 200 ml Milch ·
75 g Butter · 100 g Zucker · 2 Eier ·
1 Prise Salz

AUßERDEM:

5 gefärbte Ostereier · Puderzucker ·
Zuckeraugen · Schokolinse in Rosa ·
Webhänder

HEFETEIG-HÄSIN ZUM ANBEIßEN

1. Die Milch erwärmen bis sie fast kocht, dann Butter dazugeben und schmelzen lassen. Mehl, Zucker, Salz und ein Ei zusammen in einer Schüssel verrühren, Hefe darüber bröseln und dann das Milch-Butter-Gemisch dazu gießen. Mit dem Knethaken des Handrührgeräts solange durchkneten, bis der Teig sich zu einer schönen glatten Kugel geformt hat.

2. Nimm ein Drittel der Teigkugel und forme daraus Arme, Beine, Kopf und Ohren für die Hefehäsin. Die große Restkugel dient als Bauch, hier drückst du jetzt deine gefärbten Ostereier hinein (sie müssen vorher nicht hart gekocht worden sein, das erledigt später der Backofen). Arme, Beine, Kopf und Ohren drückst du an Ort und Stelle fest. Dann wird der Hase mit einem verquirlten Ei eingepinselt und ab damit in den Backofen. 20 Minuten bei 220 °C reichen aus.

3. Aus 125 g Puderzucker und 2 EL Wasser rührst du Zuckerguss an. Damit kannst du dem Hasen die Zuckeraugen ankleben und Mund und Nase aufzeichnen. Rosa Schokolinse auf die Nasenspitze und fertig ist dein Backwerk.

4. Zur Verschönerung bekommt die Häsin noch ein Schleifchen aus Webband und um die gefärbten Eier knotest du bunte Bänder.

ZUTATEN

REZEPT FÜR DEN TEIG:

125 g Butter · 100 g Zucker · 125 g Mehl ·
3 Eier · ½ TL Backpulver

AUßERDEM:

10 weiße Eier · Ostereierkaltfarbe

EIER-Kuchen

ECHTE EIER BRINGEN DIESE KÜCHLEIN SCHÖN IN FORM

1. Bevor gebacken wird, kümmerst du dich erst mal um die Kuchenform. Färbe zehn Eier mit Ostereierkaltfarbe ein. Du musst sie dafür vorher nicht kochen, sie bleiben in rohem Zustand.

2. Wenn sie schön eingefärbt und getrocknet sind, köpfst du das obere Drittel der Eier, leerst die Eier aus und stellst sie in Keramikeierbecher. Den Inhalt von drei Eiern kannst du direkt in die Kuchen-Rührschüssel geben und dich gleich an den Teig machen.

3. Zu den drei Eiern schüttest du noch die anderen Zutaten und verrührst alles mit dem Handrührgerät zu einem gleichmäßigen Teig. Fülle den Teig in einen Gefrierbeutel und schneide eine der Ecken ab. So kannst du den Teig ganz einfach in die Eiformen hineingießen. Fülle auf diese Weise jeweils zwei Drittel deiner Eihüllen-Kuchenform mit Teig. Das Ganze wandert bei 175°C für ca. 15 Minuten samt Eierbechern in den Backofen. Abgekühlt, mit kleinen Fähnchen verziert, wandern die Eier entweder als Geschenk zu Freunden oder auf den Ostertisch.

ZUTATEN

FÜR 2 SCHAFE:

weiße Kuvertüre · 1 Banane ·
2 Popsicle-Spieße ·
bunte Mini-Marshmallows ·
4 weiße Mini-Marshmallows ·
schwarzer Lebensmittelstift ·
6 längliche Schokostreusel ·
4 rosa Zuckerkonfetti ·
4 gehobelte Mandelscheiben

Bananen-SCHAF

1. Zunächst die Kuvertüre im Wasserbad erhitzen: Setze eine hitzebeständige Schale auf einen Topf mit kochendem Wasser. Wichtig: Nur so lange erhitzen, bis die Kuvertüre anfängt, unten zu schmelzen. Danach den Herd ausschalten und die Kuvertüre unter Rühren vollständig schmelzen.

2. Die Banane schälen und in zwei Hälften teilen. Stecke diese auf die Popsicle-Spieße und lege sie auf ein Backpapier. Anschließend kannst du sie mithilfe eines Backpinsels mit der Kuvertüre bestreichen. Achte darauf, den Gesichtsbereich freizulassen.

3. Bevor die Kuvertüre aushärtet, die bunten Mini-Marshmallows als „Fell" ankleben. Für die Augen 4 weiße Mini-Marshmallows zwischen zwei Fingern platt drücken und mit dem Lebensmittelstift Pupillen aufmalen. 2 weitere (bunte) Mini-Marshmallows platt drücken für die Schnauzen und jeweils drei längliche Schokostreusel darauf ankleben; das sind Nase und Maul. Zum Schluss

befestigst du die Augen, die Schnauze und je 2 rosa Zuckerkonfetti für die Wangen mit ein klein wenig Kuvertüre. Als Ohren werden jeweils 2 gehobelte Mandelscheiben seitlich eingesteckt.

MOZZARELLA-
Blumen

Frischkäse · blaue Lebensmittelfarbe · 1 Brotscheibe · 1 Käsescheibe, z. B. Gouda · kleine Ausstechformen, oval und Herz (optional) · Balsamico-Creme · 15 Mini-Mozzarella-Kugeln · Schnittlauch · Aprikosenmarmelade

1. Zunächst vermischt ihr etwas Frischkäse mit wenig blauer Lebensmittelfarbe, bis er eine schöne himmelblaue Farbe annimmt.

2. Den blauen Frischkäse auf das Brot streichen.

3. Für die Bienen aus der Käsescheibe 2 Ovale und 2 Herzen ausstechen. Alternativ kannst du diese Formen mit einem Messer ausschneiden. Dann ritzt du mit einem Zahnstocher vorsichtig die Bienenstreifen und Augen in die Formen ein und tupfst ebenfalls mit dem Zahnstocher etwas Balsamico-Creme in die eingeritzten Details. Eventuelle Patzer kannst du mit einem Küchentuch oder Wattestäbchen wegwischen.

4. Etwas Schnittlauch abschneiden, waschen und für die Wiese zurechtschneiden. Die Mini-Mozzarellakugeln halbieren und die Hälften zusammen mit dem Schnittlauch so auf dem Brot anordnen, dass eine Blumenwiese entsteht. Die Mitte der Blumen füllst du mit etwas Aprikosenmarmelade auf. Zum Schluss noch die Gouda-Bienen aufsetzen.

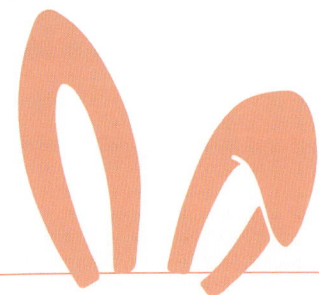

HEFE-Hasen

1. Vermischt das Mehl mit der Trockenhefe, fügt die restlichen Zutaten bis auf das Eigelb und die Dekorationen hinzu und verknetet alles in 5–8 Min. zu einem glatten Teig.

2. Nun deckst du den Teig mit einem Tuch ab und lässt ihn an einem warmen Ort ca. 1 Std. gehen, bis er sich verdoppelt hat. Danach aus der Schüssel nehmen und auf einer leicht bemehlten Arbeitsfläche noch einmal kurz durchkneten.

3. Den Backofen auf 180 °C (Ober/Unterhitze) vorheizen. Teile dann den Teig in 4 gleichgroße Portionen und forme daraus Hasen.

4. Anschließend verquirlst du das Eigelb mit 1 EL Wasser und bestreichst die Hasen damit.

5. Die Hasen im vorgeheizten Ofen ca. 20 Min. backen, herausnehmen und abkühlen lassen. Zum Schluss mit den Haselnüssen, Zuckeraugen und Schokoladen-Zuckerschrift verzieren.

ZUTATEN

FÜR 4 HASEN:

500 g Weizenmehl · 1 Pck. Trockenhefe · 80 g Zucker · 1 Pck. Vanillezucker · Salz · 250 ml Milch · 7 EL Pflanzenöl · 1 Eigelb · Haselnüsse · 4 Zuckeraugen · Schokoladen-Zuckerschrift

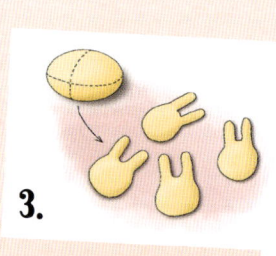

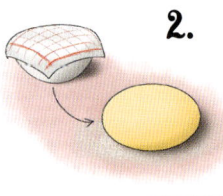

KAROTTEN-GUGELHUPF

ZUTATEN

FÜR DIE MASSE:

500 g Karotten · 300 g Butter ·
140 g Zucker · 6 Eier · 250 g Mehl ·
250 g gemahlene Mandeln · 1 Pck.
Backpulver · 1 Pck. Vanillezucker ·
1 Prise Salz · 5 TL Zimt · 10 g Ingwer

AUßERDEM:

150 g Frischkäse (Doppelrahmstufe) · 2 EL Puderzucker ·
½ TL Zimt · 100 g Schlagsahne ·
Butter und Mehl für die Form

1. Die Karotten grob raspeln und zur Seite stellen. Bestreiche die Gugelhupf-Form mit etwas Butter und bestäube sie mit Mehl. Den Ofen auf 175° C Ober-/Unterhitze vorheizen.

2. Schlage die Butter zusammen mit dem Zucker auf, bis die Masse hell und cremig wird. Anschließend nacheinander die 6 Eier unterrühren. Mische in einer Schüssel die trockenen Zutaten – Mehl, Mandeln, Back- pulver, Vanillezucker, Salz und Zimt – und gib sie zur Masse. Den frischen Ingwer fein reiben und zusammen mit den zuvor gehobelten Karotten unterheben – etwa 20 g Karotten für die Dekoration des Kuchens zur Seite stellen. Gib nun die Masse in die Gugelhupf-Form und backe sie 60 Minuten. Nach dem Herausnehmen 10 Minuten warten, den Kuchen stürzen und vollständig abkühlen lassen.

3. Zur Zubereitung der Creme verrührst du den Frischkäse mit Puder- zucker und Zimt. Die Sahne steif schlagen und mit einem Teigschaber unter den Frischkäse heben. Verziere den Kuchen zuletzt mit der Creme und den übrigen Karottenraspeln.

MÖHREN-
Blondies

ZUTATEN

FÜR EINE RECHTECKIGE SPRINGFORM
36 x 24 cm, 20 Stück

FÜR DEN TEIG:

3 Eier · 250 ml Sonnenblumenöl · 1 TL Vanille-Paste · 175 g Ananas aus der Dose · 280 g Mehl · 240 g Zucker · 2 TL Natron · 1 TL Zimt · 200 g frische Möhren, geraspelt · 100 g Walnüsse, gehackt · 70 g Kokosraspel

FÜR DIE GLASUR:

300 g Frischkäse (Doppelrahmstufe) · Saft von ½ Zitrone · 20 g Puderzucker · ½ TL Zimt · 1 TL Vanille-Paste

DEKORATION:

20 g Goldperlen –soft– · 50 g Salted Caramel Haselnuss-Krokant

1. Den Backofen auf 190 °C (Ober und Unterhitze) vorheizen und den Boden der Form mit Backpapier auslegen.

2. Die Eier mit dem Öl und der Vanille-Paste in eine große Schüssel geben und mit einem Schneebesen verrühren. Die Ananas abtropfen lassen, grob pürieren und unter die Ei-mischung rühren. Mehl, Zucker, Natron und Zimt dazu geben und grob unterheben. Möhren, Walnüsse und Kokosraspeln kurz unterrühren.

3. Den Teig in die Backform geben, glatt streichen und 35 – 40 Minuten backen. Auskühlen lassen.

4. Für die Frischkäseglasur alle Zutaten miteinander verrühren, auf den ausgekühlten Kuchen geben und glattstreichen. Mit Streuseln und Krokant deko-rieren und servieren.

ZUTATEN

FÜR 30 STÜCK

FÜR DEN KEKSTEIG:

400 g Mehl · 175 g Puderzucker · 1 Prise
Salz · 1 Ei · 125 g Butter · 60 ml Milch

FÜR DAS CREMENEST:

450 g Frischkäse · 3 TL Vanille-Paste ·
3 EL Zitronensaft · 6 EL Puderzucker ·
20 g Kokosflocken (geröstet) ·
100 g Himbeermarmelade

DEKORATION:

20 g Mini-Marshmallows ·
ca. 90 Schokoladen Ostereier

Osternest-Kekse

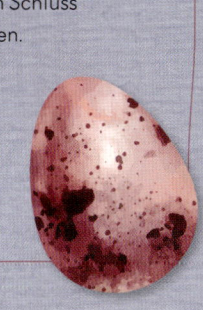

1. Alle Zutaten für den Keksteig in eine große Schüssel geben und solange mit den Händen oder der Küchenmaschine verkneten, bis ein geschmeidiger und gleichmäßiger Teig entstanden ist. Den Teig in Frischhaltefolie wickeln und ca. 30 Minuten in den Kühlschrank legen.

2. Backofen auf 180 °C (Ober- und Unterhitze) vorheizen.

3. Teig noch einmal kurz durchkneten und auf einer leicht bemehlten Arbeitsfläche 4 – 5 mm dick ausrollen. Mit einen Kreisausstecher (ø 6 cm) Kekskreise ausstechen, auf ein Backblech mit Backpapier legen und ca. 17 – 20 Minuten goldgelb backen. Auskühlen lassen.

4. Für die Creme den Frischkäse, Vanille-Paste, Zitronensaft und Puderzucker so kurz wie möglich miteinander verrühren und in einen Spritzbeutel geben. Ringförmig auf die Kekse spritzen und einen Klecks Marmelade in die Mitte geben. Für die Nestoptik den Cremerand mit Kokosraspeln dekorieren. Als Rand Mini-Marshmallows drumherum setzen. Zum Schluss Schokoladen-Ostereier in der Mitte platzieren.

SÜßE Frühlings-Cupcakes

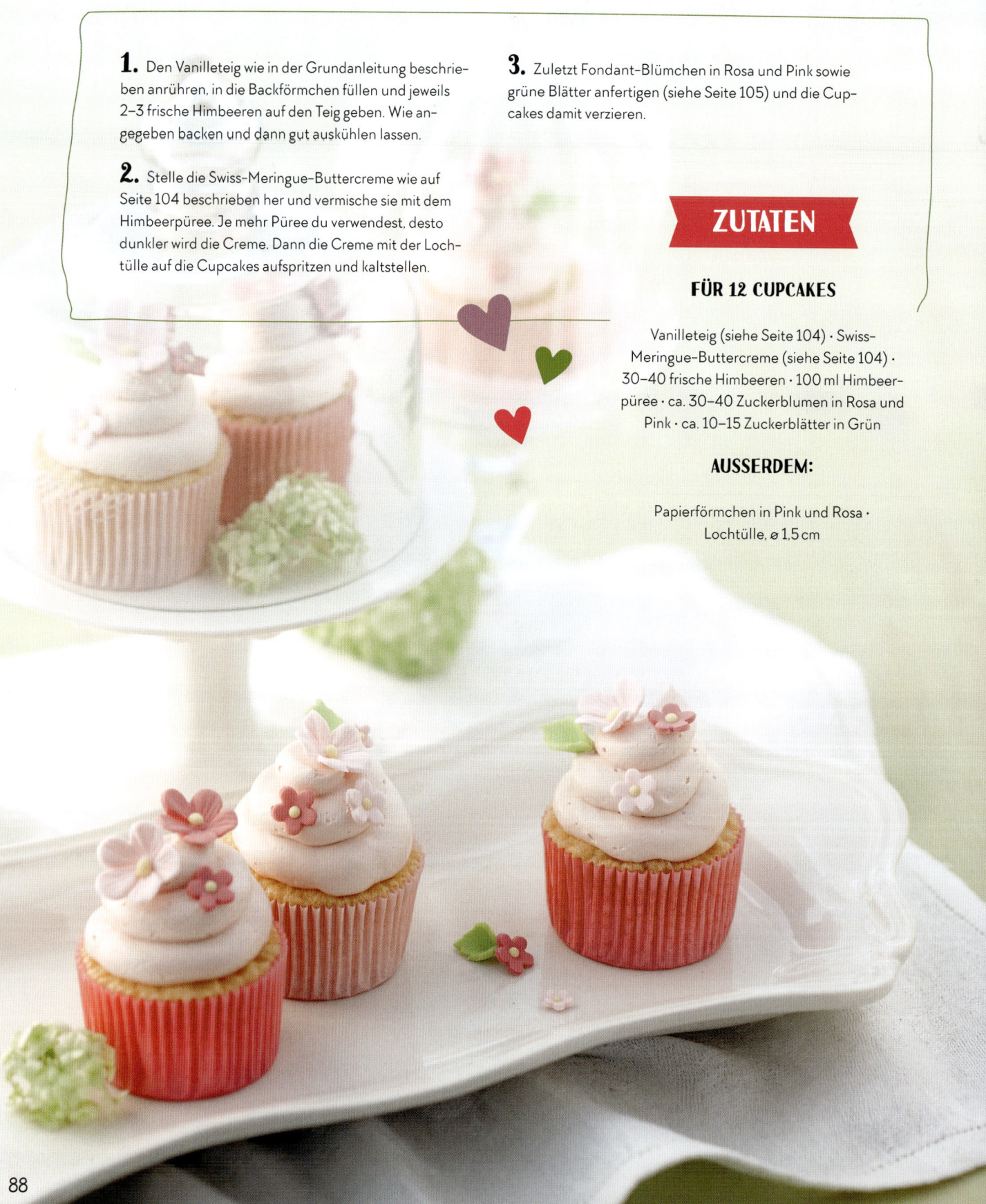

1. Den Vanilleteig wie in der Grundanleitung beschrieben anrühren, in die Backförmchen füllen und jeweils 2–3 frische Himbeeren auf den Teig geben. Wie angegeben backen und dann gut auskühlen lassen.

2. Stelle die Swiss-Meringue-Buttercreme wie auf Seite 104 beschrieben her und vermische sie mit dem Himbeerpüree. Je mehr Püree du verwendest, desto dunkler wird die Creme. Dann die Creme mit der Lochtülle auf die Cupcakes aufspritzen und kaltstellen.

3. Zuletzt Fondant-Blümchen in Rosa und Pink sowie grüne Blätter anfertigen (siehe Seite 105) und die Cupcakes damit verzieren.

ZUTATEN

FÜR 12 CUPCAKES

Vanilleteig (siehe Seite 104) · Swiss-Meringue-Buttercreme (siehe Seite 104) · 30–40 frische Himbeeren · 100 ml Himbeerpüree · ca. 30–40 Zuckerblumen in Rosa und Pink · ca. 10–15 Zuckerblätter in Grün

AUSSERDEM:

Papierförmchen in Pink und Rosa · Lochtülle, ⌀ 1,5 cm

Gefüllte
Hefeteig-
OSTEREIER

ZUTATEN

FÜR DEN HEFETEIG:

½ Pck. frische Hefe · 1–2 EL warmes Wasser · 250 g Mehl ·
250 g Magerquark · 50 g Zucker · 3 Eier · 30 g flüssige Butter

FÜR DIE FÜLLUNG:

200 g Nougat · 150 g Marzipanrohmasse · 50 g gehackte
Mandeln

FÜR DIE VERZIERUNG:

200 g Puderzucker · 2–3 EL Wasser · 1 Spritzer Zitronensaft

1. Zunächst stellst du den Hefeteig her. Dafür gibst du die frische Hefe in das warme Wasser und löst sie darin auf. Die aufgelöste Hefe anschließend zusammen mit den restlichen Zutaten in eine Rührschüssel geben und alle Zutaten zu einem glatten Teig verkneten. Den Hefeteig in eine saubere Schüssel geben, abdecken und für 60 Minuten an einem warmen Ort ruhen lassen.

2. Unterteile das Nougat in sechs gleichgroße Stücke. Das Marzipan zusammen mit den gehackten Mandeln in eine Schüssel füllen und beides miteinander verkneten. Forme daraus sechs gleichgroße Kugeln.

3. Den Backofen auf 180 °C (Ober-/Unterhitze) vorheizen und ein Backblech mit Backpapier auslegen.

4. Knete den fertigen Hefeteig erneut gut durch und unterteile ihn in 12 gleichgroße Portionen. Forme jede Portion zu einer Kugel. Eine Mulde in die Mitte der Kugel drücken und ein Stück Nougat oder eine Marzipankugel hineinlegen. Umschließe die Füllung anschließend mit dem Teig und forme daraus ein Ei, das von außen schön glatt ist.

5. Die Hefeteig-Ostereier mit etwas Abstand zueinander auf dem Backblech platzieren und für ca. 20 Minuten bei 180 °C (Ober-/Unterhitze) ausbacken. Nach dem Backen vollständig abkühlen lassen.

6. Rühre aus dem Puderzucker, etwas Wasser und einem Spritzer Zitronensaft einen festen, nur noch leicht fließfähigen Zuckerguss an. Fülle diesen in einen Spritzbeutel mit Lochtülle oder einen Gefrierbeutel, von dem du eine der unteren Ecken abschneidest.

7. Verziere die Hefeteig-Ostereier, indem du mit dem Zuckerguss verschiedene Muster malst. Bei Bedarf kannst du sie zusätzlich mit Zuckerperlen und Streuseln verzieren oder sie alternativ nur mit etwas Puderzucker bestreuen.

Hasen-PIZZA

ZUTATEN

FÜR DEN HEFETEIG:

300 ml lauwarmes Wasser · 2 EL Olivenöl · 20 g frische Hefe · 1 TL Salz · 500 g Mehl

FÜR DIE TOMATENSOSSE:

1 kleine Zwiebel · 2 EL Olivenöl · 200 g passierte Tomaten · 1 TL italienische Kräuter · Salz und Pfeffer

BELAG FÜR DIE PIZZA:

Kirschtomaten · Brokkoli oder Zucchini · Rote Paprika · schwarze Oliven

1. Zunächst den Hefeteig zubereiten. Dafür das lauwarme Wasser und das Olivenöl in eine große Schüssel geben und die Hefe und das Salz darin auflösen. Anschließend das Mehl hinzufügen und alles zu einem glatten Teig verkneten. Diesen in eine saubere Schüssel geben, abdecken und für 60 Minuten an einem warmen Ort ruhen lassen.

2. In der Zwischenzeit bereitest du die Tomatensoße zu. Dafür die Zwiebel klein hacken und in einer Pfanne oder einem Topf mit etwas Olivenöl glasig anbraten. Anschließend die passierten Tomaten, die Kräuter, das Olivenöl sowie etwas Salz und Pfeffer hinzugeben und alles gut miteinander verrühren.

3. Den Backofen auf 200 °C (Umluft) vorheizen und ein Backblech mit Backpapier auslegen.

4. Den Hefeteig aus der Schüssel nehmen, noch einmal durch kneten und in vier gleichgroße Teigkugeln unterteilen. Den Teig für jede Pizza so ausrollen, dass eine ovale Form entsteht. Achte darauf, den Teig nicht zu dünn auszurollen! Schneide den Teig oben in der Mitte längs ein, sodass zwei Hasenohren entstehen. Zwirble diese mittig zusammen. Forme anschließend einen Teigrand mit deinen Händen.

5. Verteile die Tomatensoße gleichmäßig auf der Pizza und streue den geriebenen Käse darüber. Nun das Hasengesicht aus einem Streifen Paprika, etwas Brokkoli oder Zucchini, einer Kirschtomate und zwei schwarzen Oliven legen. Die Pizza für ca. 20 Minuten bei 200 °C (Umluft) backen. Achte darauf, dass sie nicht zu dunkel wird! Am besten schmeckt die Hasen-Pizza, wenn der Teig gut durch, aber trotzdem noch hell und weich ist.

GRUNDANLEITUNG

EIER AUSPUSTEN

1. Reinige das Ei von außen mit Essigwasser und stich es oben und unten mit einer Prickelnadel ein. Das Loch mithilfe einer Stricknadel oder einem dünnen Schraubenzieher vorsichtig vergrößern. Den Dotter durchstechen, dadurch lässt sich das Ei leichter auspusten

2. Das Ei über eine Schüssel halten und fest durch die eingestochene Öffnung pusten, bis das Ei vollständig entleert ist. Alternativ kannst du auch eine Spritze mit Luft aufziehen und diese in das Ei spritzen. Die Spritze anschließend mit Essigwasser befüllen und das Ei über dem Waschbecken gründlich auswaschen. Das Ei zum Trocknen in einen Eierkarton stellen.

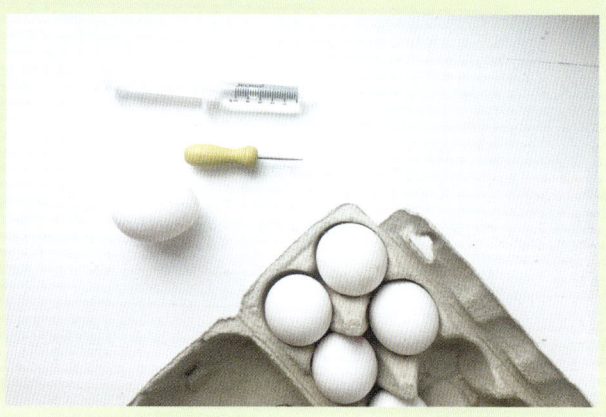

EIER KOCHEN

1. Wasser in einem Kochtopf zum Kochen bringen. Die Eier vorsichtig mit einem Löffel in das sprudelnde Wasser geben, den Topf mit einem Deckel verschließen und den Herd ausstellen. Die Eier 10 Minuten im heißen Wasser ziehen lassen, dann sind sie hart gekocht.

2. Bei richtiger Lagerung sind Eier über Monate haltbar. Die Eier nach dem Kochen nicht abschrecken. Die Keime im Abschreckwasser könnten durch feine Risse in der Schale eindringen und die Haltbarkeit verkürzen. Bewahre die Eier im Kühlschrank auf. Die Eier vor dem Kochen nicht anstechen. Der Einstich erzeugt keinen nennenswerten Unterschied.

EIER FÄRBEN

1. Fülle je ein 0,2 l Glas mit 2 Esslöffeln Essig und heißem Wasser und gib die Farbpaste nach Belieben hinzu. Meist reicht schon eine kleine Messerspitze der Farbe aus. Verrühre alles gut, bis sich die Farbpaste vollständig aufgelöst hat.

2. Das hartgekochte Ei vorsichtig mit einem Löffel in das Farbbad legen. Die Farbintensität hängt von der Verweildauer des Eis im Farbbad ab.

3. Für zart-pastellige Eier diese nur sehr kurz im Farbbad ruhen lassen und anschließend zum Trocknen auf ein Stück Küchenkrepp legen. Wenn du intensive Farben erzeugen möchtest, lässt du die Eier ca. 2 Minuten im Farbbad ruhen.

EIER BEMALEN

Eine einfache Variante ausgepustete Eier zu bemalen oder zu bekleben ist, sie zuvor auf einen Schaschlikspieß zu stecken. Binde hierfür ein Haushaltsgummi ca. 5 cm unterhalb der Spitze um den Spieß und stecke das Ei auf.

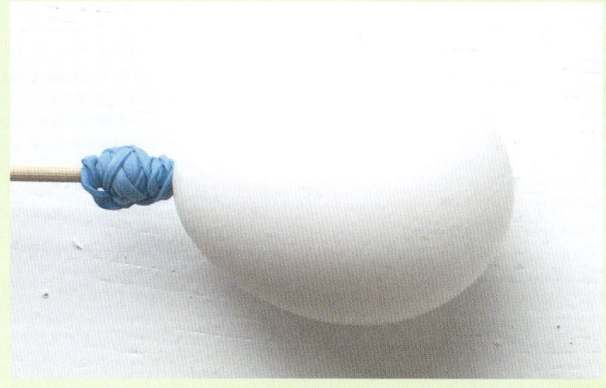

EIER MIT FARBSPRAY ANSPRÜHEN

Um die Eier gleichmäßig zu besprühen, legst du sie am besten auf eine selbstgebaute Vorrichtung aus Styropor® und Zahnstochern. Stecke hierfür vier Zahnstocher im Abstand von 2–3 cm zueinander zur Hälfte in den Styroporblock® und lege das hartgekochte oder ausgepustete Ei auf. Besprühe das Ei ringsum mit Farbe und lass es auf der Konstruktion vollständig trocknen.

EIER AUFHÄNGEN

Um ausgeblasene Eier ganz einfach aufhängen zu können, benötigst du einen Zahnstocher und einen Faden.

1. Schneide ein ca. 30 cm langes Stück Faden ab und knote eine Fadenschlaufe. Befestige dafür beide Fadenenden an einem kleinen Zahnstocher-Stück (ca. 2 cm lang).

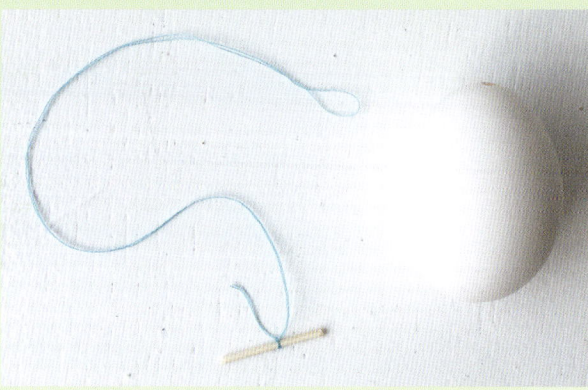

2. Den Zahnstocher durch das obere Loch im Ei fädeln und ein wenig an der Schnur rütteln, sodass sich der Zahnstocher im Ei inneren querlegt.

ZUBEREITUNG NATÜRLICHER FARBBÄDER

Gelb

Ein reines Gelb erhältst du am leichtesten mit **Kamillenblüten** (ungeeignet sind Teebeutel!). Für das Farbbad ca. 5 EL Kamillenblüten auf einen Liter Wasser geben. Nach 15 Minuten erreicht die Kamille ihre größte Farbtiefe. Ein schönes Senfgelb färbt ein kochender Sud mit dem Gewürz **Kurkuma**, das auch dem Curry seine gelbe Färbung verleiht.

Rot, Rosa und Rostbraun

Sehr schöne Rot- und Zwischentöne erhältst du mithilfe der **Krappwurzel**. Ca. 3 EL Wurzeln in einem Liter Wasser einweichen. Für Rosatöne die Brühe beim Färben nicht kochen. Beim Kochen setzen sich bräunlich färbende Substanzen frei und das Ei erhält je nach Kochdauer eine rotbräunliche Färbung. Mit dem Naturfarbstoff **Cochenille** erzielst du vielfältige Farbtöne von Rosa bis zu einem kräftigen Pink. Für den Sud ca. 2,5 g getrocknete Cochenille-Läuse (aus der Apotheke) zerreiben oder im Mörser zerstoßen und mit einem Liter Wasser aufkochen. Ein hübsches Rosa ergibt auch **Rote Beete**, die vorher gekocht und in Scheiben geschnitten wird.

Lila und Blau

Die bekannteste Art, Blautöne zu färben, ist die mit **Blauholz** (Campecheholz). Das Holz färbt sehr intensiv und sparsam, mit Farbstufen von Lila bis Schwarz. Auch mit kaltem **Holunderbeersaft** oder in kochendem **Heidelbeersud** lassen sich schöne Farbstufen erreichen. Gibst du einige Eisenspäne oder -schrauben hinzu, vertieft sich der Blauton. In heißem Holunderbeersaft nehmen die Eier, besonders braune, nach ca. einer Stunde eine tiefe blauschwarze Farbe an. Einen schönen Lilafarbton ergibt auch eine Mischung aus **Blauholz** und **Cochenille**.

Grün

Am schönsten färbt **Matetee**. Während die kochende Brühe gelb färbt, ergibt das kalte Farbbad Grüntöne. Für den Sud 4 EL Tee auf einen Liter Wasser geben. Mit **Ysop** und **Weinraute** erhältst du einen grünlichen Braunton. Dafür jeweils eine Handvoll frisches Kraut auf einen Liter Wasser geben und die Eier darin bis zu einer Stunde ruhen lassen. Mit einer Mischung aus **Efeu** und **Brennnessel** erreichst du einen hell bis olivgrünen Farbton. Der Sud sollte vor dem Färben einige Zeit kochen.

Braun

Schöne Brauntöne werden mit **Zwiebelschalen** erreicht. Für ein kräftiges Farbergebnis sollten jedoch nur die äußeren Schalen aufgekocht werden. **Kaffee** eignet sich ebenfalls: Gut geröstete Kaffeebohnen mahlen und das Pulver 20 Minuten lang mit 0,5 Liter Wasser kochen. Wahlweise kannst du auch von günstigem **Schwarztee** einen Sud herstellen und die Eier darin so lange kochen, bis der gewünschte Farbton erreicht ist.

TIPP: Sollen die gefärbten Eier schön glänzen, diese am besten mit etwas Butter, Margarine oder Salatöl einreiben. Mit einem Schuss Essig im Sud werden die Farben noch intensiver.

KREPPPAPIER SCHNEIDEN

Von der Krepppapierrolle ca. 1,5 cm breite Streifen abschneiden. Den Streifen im Abstand von 0,5 cm einschneiden und auseinanderfalten.

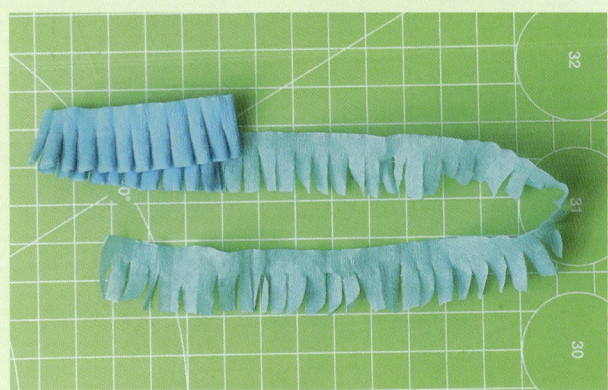

TASSELN BASTELN

1. Ein weißes Stickgarn 10-mal um ein ca. 5 cm langes Stück Pappe wickeln.

2. Ein ca. 30 cm langes Stück Stickgarn mittig hindurchziehen und verknoten.

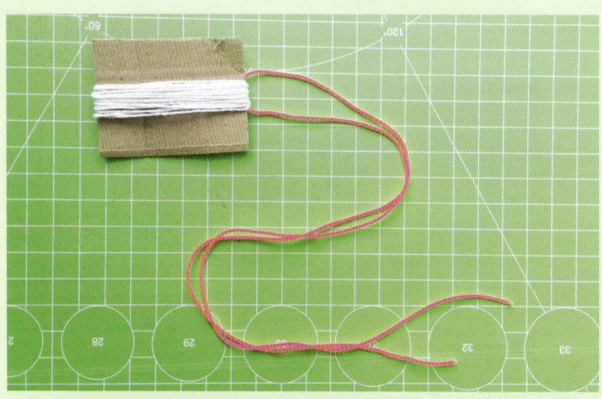

3. Den ganzen Strang zusätzlich mit Stickgarn kurz unterhalb des Knotens mehrfach umwickeln und dadurch abbinden. Die Enden verknoten.

4. Die Schlaufen am Ende der Tassel aufschneiden und die Tassel auf die gewünschte Länge kürzen.

HINWEIS: Mit Rest ist immer ein Stück gemeint, das maximal A5 groß ist.

VORLAGEN AUF EIER ÜBERTRAGEN

1. Das Transparentpapier auf die Vorlage legen und das Motiv abzeichnen. Anschließend das Motiv auf dünne Pappe oder Karton kleben und die Konturen ausschneiden.

2. Soll das Motiv direkt auf das Ei übertragen werden (z. B. Muster oder Gesichter), verwendest du am besten Kohlepapier, das zwischen Vorlage und Ei gelegt wird. Nun die Vorlage mit einem weichen Bleistift nachfahren und die Linien übertragen sich auf das Ei.

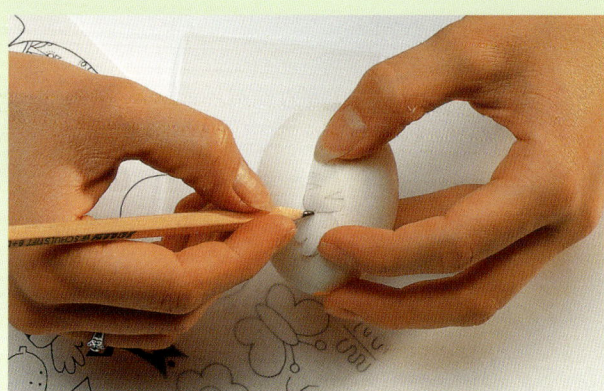

MOTIVE AUF TONKARTON ÜBERTRAGEN

Das Transparentpapier auf die Vorlage legen und alle benötigten Motivteile abpausen. Das Transparentpapier wenden, mit der bemalten Seite auf den Fotokarton legen und gegebenenfalls mit etwas Klebefilm sichern. Die durchscheinende Linie mit einem spitzen, harten Bleistift nachziehen. Dadurch werden die Linien auf den Karton übertragen. Das Motiv nun mit dem Cutter auf einer Schneidematte oder mit einer spitzen Schere ausschneiden. Das seitenverkehrte Motiv wenden, dann entspricht es der Abbildung im Buch.

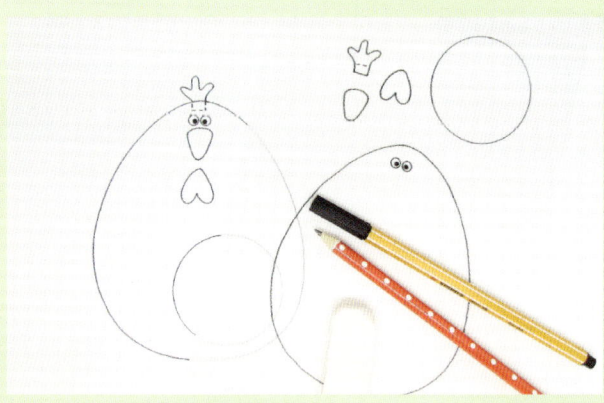

SCHABLONEN ANFERTIGEN

Wenn du ein Motiv häufiger anfertigen möchtest, ist es ratsam, vorher eine Schablone zu machen. Dafür das auf Transparentpapier abgepauste Motiv auf Fotokarton oder dünne Pappe kleben und ausschneiden. Nun die fertige Schablone auf den gewünschten Fotokarton legen und so oft wie gewünscht mit einem Bleistift übertragen und ausschneiden.

Konturieren

Die Umrisse von Motivteilen können nach dem Zuschneiden und vor dem Zusammenfügen konturiert werden. Dafür legst du das Papierteil auf ein Blatt Schmierpapier. Verwende einen stumpfen, dicken Buntstift in einer passenden Farbe und ziehe den Motivrand damit so nach, dass eine Hälfte der Buntstiftspitze auf dem Motivteil und die andere auf dem Schmierpapier liegt. Dadurch werden die Umrisse stärker betont und das Motivteil hebt sich besser vom Hintergrund ab.

Mit Buntstift schattieren

Die Ränder der Motivteile können zusätzlich mit Buntstift schattiert werden, damit wirken die Figuren plastischer. Dazu entweder den Buntstift spitzen und die Farbbrösel mit den Fingerspitzen auf die Motivteile reiben oder den Buntstift sehr flach halten und vom Motivrand Richtung Innenfläche aufmalen. Der Farbton sollte immer etwas dunkler als die Kartonfarbe sein (z. B. dunkelblau auf hellblau, orange auf gelb usw.).

ACHTUNG: Wenn du eine neue Farbe mit den Fingern auftragen möchtest, vorher die Hände waschen, da sich sonst die Farbbrösel mischen und falsche Farben aufgetragen werden!

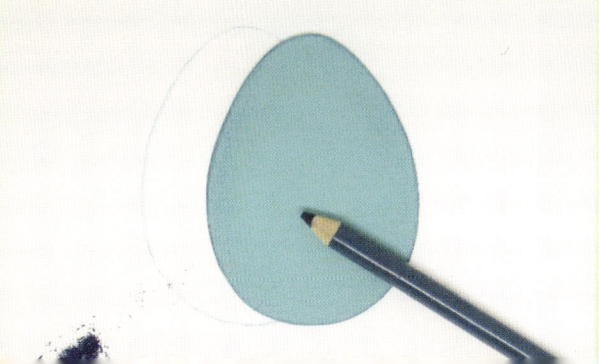

Motive zusammenfügen

Sobald alle Motivteile ausgeschnitten, konturiert und schattiert sind, werden sie zusammengesetzt. Damit das Motiv plastischer wirkt, kannst du hierzu auch Klebekissen bzw. Abstandsklebepads verwenden. Zum Schluss zeichnest du noch die Gesichter und etwaige Innenlinien mit einem Fineliner ein.

MOTIVE AUSSTANZEN

Zum Stanzen mit dem Motivlocher kann man auch leichtes Tonpapier verwenden, dann ist das ausgelochte Motiv allerdings nicht so stabil.

EIER GRAVIEREN

MATERIAL: Graviergerät, 12 bis 18 Volt, 20.000 U/min, kugel-gelagert · passendes Netzgerät, 12 Volt, 0,5 A, TÜV geprüft · Einsatzwerkzeuge (Bits) in verschiedenen Größen und Formen, z. B. in Kugelform (ø 1,8 mm) · Acryl- oder Abtönfarbe in verschiedenen Farbtönen · Klarlack

1. Die Eier mit Acryl- oder Abtönfarbe grundieren und gut trocknen lassen. Grundsätzlich gilt: Je intensiver das Ei grundiert wird, am besten in satten Farbtönen, desto besser ist später der Effekt.

2. Anschließend das Ei zusätzlich lackieren, denn dadurch wird die Schale fester und zerbricht beim Gravurvorgang nicht so leicht. Mindestens einen Tag trocknen lassen, damit der Lack durchhärtet, sonst verklebt möglicherweise die Spitze des Einsatz-werkzeugs.

3. Das Muster gemäß Vorlage mit Kopierpapier vorsichtig auf das Ei übertragen. Das Ei nun in einer Hand wie einen Tennisball, den man werfen möchte, festhalten. So liegt es sicher und kann beim Gravieren nicht herunterfallen.

4. Den Einsatz in das Gerät stecken und den festen Halt prüfen. Das Graviergerät wie einen Bleistift in der Hand halten.

5. Die Muster nun so gravieren, dass der Lack und die Farbe weggekratzt werden, bis das Weiß der Schale erscheint. Dabei vorsichtig immer wieder an der gleichen Stelle gravieren. Bei zu viel Druck zerbricht das Ei womöglich!

6. Das Muster Schritt für Schritt abarbeiten. Am einfachsten geht es, wenn zuerst die senkrechten Linien von oben nach unten gearbeitet werden. Dann alle Quer- und Schräglinien, danach Halbkreise, Drei- und Vierecke sowie Bögen auf den Linien gravieren. Dabei das Ei immer so drehen, dass von oben nach unten gearbeitet werden kann. Zuletzt (innerhalb der Bögen) die gewünschten Flächen ausfräsen und ggf. sämtliche Punkte und gestrichelten Linien aufbringen.

TIPP: Eine ruhige Hand und etwas Übung sind beim Gravieren besonders wichtig. Arbeite probeweise einige leichte Muster und Ornamente auf dickwandigen Eiern. Zum Ritzen und Gravieren von Linien eignen sich vor allem Diamantschleifstifte in Kugelform (ø 1 mm und 1,8 mm). Schleifstifte aus Silicium-Karbid in Kegel- und Geschossform sind ideal zum Mattieren grundierter Flächen.

RESERVIERUNGSTECHNIK (AUSSPARTECHNIK)

MATERIAL: Eier- oder Naturfarben · frische Blätter, Blüten, Kräuter, Gummiringe, Bänder, Borten etc. · Nylon- oder Perlon-gewebe (z. B. Stück einer Feinstrumpfhose) · Baumwollfaden · Eiweiß, Speiseöl oder wasserlöslicher Klebstoff

1. Das Ei zuerst gut entfetten. Nun kleine, unbeschädigte Blätter, Blüten, Kräuter und Gräser (sie dürfen nicht zu groß sein, denn sonst passen sie sich nicht genau der Eiform an) oder Gummiringe, Bänder und Borten mit etwas Eiweiß oder wasserlöslichem Klebstoff bzw. Speiseöl auf dem Ei befestigen. Sind die Pflanzen zu spröde, diese vorher kurz in warmes Wasser legen. Sie müssen ganz glatt aufliegen, damit sich im Farbbad keine Farbe unter den Blätter- und Blütenteilen ansammeln kann.

2. Das Ei nun mit dem Nylon- oder Perlongewebe umwickeln und an der Rückseite fest mit dem Baumwollfaden zusammenbinden. Die Blätter und Blüten dürfen dabei auf keinen Fall verrutschen. Der Überzug muss möglichst stramm und faltenlos sitzen.

3. Die verpackten Eier in einem siedenden Farbbad aus Färbetabletten, Naturfarben oder Batikfarbe so lange ziehen lassen, bis sie den gewünschten Farbton angenommen haben. Die Eier aus dem Sud nehmen, mit kaltem Wasser abschrecken und die Gewebeverpackung, Blätter und Blüten vorsichtig entfernen.

TIPP: Glatte, nicht zu stark strukturierte Blätter und Gräser kannst du auch wie folgt auf die Eier aufbringen: Einfach auf das noch heiße, hartgekochte Ei das gewünschte Blatt oder Gras bzw. Gräser auflegen, es saugt sich nun an der Eierschale fest. Wichtig: Das Blatt muss mit der Oberseite auf dem Ei aufliegen.

ARBEITEN MIT HOLZ

1. Fertige je eine Fotokopie der Motivteile an. Die Einzelteile werden grob ausgeschnitten und dann auf den passenden Karton geklebt. Nimm dazu einen Cutter und eine Schneideunterlage zu Hilfe. Lege diese Schablonen auf das Sperrholz und ziehe den Umriss mit einem Druckbleistift nach.

2. Das Aussägen erfolgt entweder mit einer Laubsäge auf dem mit einer Schraubzwinge am Tischrand befestigten Sägetischchen oder mit einer Dekupiersäge.

3. Glätte die Ränder des Motivs auf der Vorder- und Rückseite mit Schleifpapier (220-er Körnung). Für Korrekturen von kleinen unbeabsichtigten Wellen wird eine kleine Holzfeile verwendet.

4. Wenn die Motive aus mehreren Teilen bestehen, werden die Einzelteile zuerst bemalt und dann zusammengeklebt. Die Farbe entweder unverdünnt oder als Lasur mit dem Pinsel auftragen. Für die Lasur etwas Acrylfarbe in einen Schraubdeckel geben und dann mit einigen Tropfen Wasser verrühren, bis die gewünschte Verdünnung erreicht ist. Wenn das Holz vorher noch angefeuchtet wird, lässt sich die Farbe sehr leicht verteilen.

5. Mit der Tischkreis- oder einer Kappsäge werden zwei 35 cm lange Stücke von der Holzleiste abgesägt und dann die Enden mit Schleifpapier geglättet. Kürze die Aststücke alle auf dieselbe Länge, z. B. 34 cm. Nun ordne die Aststücke zwischen den beiden Holzleisten an.

6. Markiere an der Leistenunterseite mit einem Bleistiftpunkt jeweils den Mittelpunkt der Aststücke. Durchbohre die Leiste an den markierten Stellen. Dann werden die Sockelleistenstifte ca. einen Zentimeter tief in die Bohrlöcher gesteckt bzw. geschlagen. Stelle nun das linke und das rechte Aststück senkrecht auf und lege eine Holzleiste wie eine Brücke darauf. Die beiden Sockelleistenstifte eben zur Holzleiste einschlagen. Die restlichen Aststücke ebenfalls senkrecht aufstellen und an der Holzleiste fixieren. Drehe das Ganze, sodass die Enden der Aststücke nach oben zeigen, und lege die zweite Holzleiste auf. Hier werden ebenfalls die Mitten der Aststücke markiert. Beachte dabei, dass die Markierungen nicht an denselben Stellen wie auf der unteren Holzleiste sitzen, weil die Aststücke meistens etwas schief sind oder sich gabeln. Die Holzleiste abnehmen, durchbohren und die Sockelleistenstifte in die Löcher stecken. Dann die Leiste aufnageln.

7. Wenn der Rahmen zusammengenagelt ist, werden die Motive mit der Klebepistole angeklebt.

8. Die Augen werden mit einem Relief-Liner aufgetupft. Dieser zerfließt im Gegensatz zu den meisten anderen Filzstiften nicht auf dem Holz. Zusätzlich wölbt er sich noch etwas plastisch nach oben und hat einen leichten Glanz.

VOGELHÄUSCHEN BAUEN

1. Das Futterhäuschen entlang der Kontur mit der Stichsäge aussägen. Bei Bedarf das Holzbrett mit einer Schraubzwinge am Tisch fixieren und die Position nach und nach anpassen.

2. Mit der Lochsäge das Loch für die Futterkugel sägen. Dabei die Bohrmaschine senkrecht halten und nicht zu viel Druck ausüben, damit sich die Säge langsam, aber stetig durch das Holzbrett arbeiten kann.

3. Die Löcher für die Sitzstange und den Eisendraht mit den jeweiligen Holzbohrern bohren. Beachte insbesondere bei dem dünnen langen Bohreinsatz die Hinweise des Herstellers. Bei Bedarf einen Bohrständer verwenden oder zu zweit arbeiten. Die zweite Person kann besser sehen, ob du den Bohrer auch wirklich gerade angesetzt hast.

4. Die Kanten des Futterhäuschens mit dem Schmirgelpapier glätten und eventuelle Unregelmäßigkeiten abschleifen.

TIPP: Präzise Winkel beim einen oder anderen Dach kann man mit einer Gehrungssäge sägen. Einfache Modelle sind preisgünstig erhältlich und reichen vollkommen aus. Manche Baumärkte stellen ihren Kundinnen und Kunden im Servicebereich eine Gehrungssäge zur Verfügung. Notiere dir vor dem Einkauf die Angaben in der Anleitung, dann kannst du die Holzteile dort kostenlos zusägen. Die wenigen Schnitte, die für ein Futterhäuschen notwendig sind, sind schnell und umkompliziert erledigt.

POMPON-VÖGEL BASTELN

Schablonen anfertigen

1. Für die Ringe mit dem Zirkel in die Pappe stechen und einen großen und einen kleinen Kreis anzeichnen. Dazu am Zirkel jeweils die Hälfte der angegebenen Durchmesser einstellen. Die Pappringe ausschneiden.

2. Für das Rechteck die Pappe auf die angegebene Größe zuschneiden. Unten ein kleines V in die Kante schneiden, oben eine Vertiefung von etwa 5 mm. Dadurch lässt sich die Wolle um das Rechteck wickeln, ohne abzurutschen.

Pompon wickeln

1. Die Wolle in den benötigten Farben vorbereiten. Für jede Farbfläche wird ein eigener Faden benötigt. Die Fäden nach Anleitung doppelt oder vierfach legen und in eine Wollnadel fädeln.

2. Die Pappringe aufeinanderlegen und ggf. das Rechteck zwischen den Ringen einstecken, sodass die Kanten innen bündig sind. Die Kante mit der breiten Vertiefung zeigt nach außen.

3. Jeder Faden wird zu Beginn mit einem Ankerknoten fixiert. Dazu den Faden einmal um die Schablonen legen und am geschlossenen Ende durch die Schlaufe ziehen. Danach die Schablonen eng, aber nicht zu fest mit der Wolle umwickeln. Es wird in Runden gearbeitet – und zwar so, dass die Fäden an der äußeren Kante immer dicht aneinander liegen. Im Innern überlappen sie sich. Wenn das Ende einer Farbfläche erreicht oder der Faden zu Ende ist, den Faden sichern und unter ein paar Fäden durchziehen.

4. Nach der letzten Runde ist der Ring in der Mitte geschlossen. Ggf. zuerst die Fäden am Rechteck aufschneiden und das Papp-Rechteck entfernen. Danach die Wolle zwischen den Pappringen aufschneiden. Noch vorhandene Schlaufen in den losen Fäden suchen und ebenfalls aufschneiden.

5. Einen langen reißfesten Faden zweimal zwischen den Schablonen um die Wollfäden wickeln, fest anziehen und mehrfach verknoten. Die Fadenenden nicht abschneiden. Sie werden zum Verbinden der Pompons benötigt. Die Pappringe erst nach dem Zuschneiden entfernen!

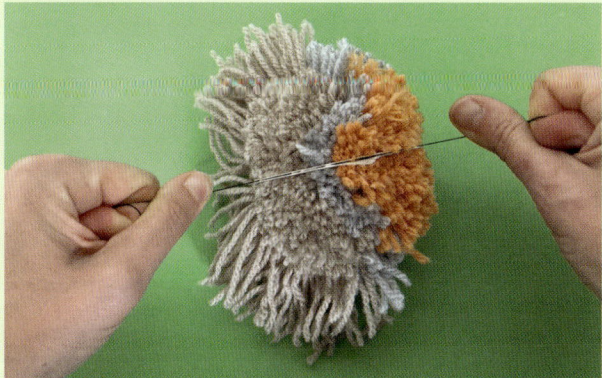

Pompons zuschneiden

Der Kopf hat eine Form, die an einen Schaumkuss erinnert. Oben rund, unten gerade. Der Körper erinnert etwas an eine Zitrone und verjüngt sich zum Hals und zum Schwanz hin. Der Rücken wird begradigt, der Bauch etwas abgeflacht. Lasse die Pappringe so lange wie möglich im Pompon. Sie geben Orientierung und helfen, eine symmetrische Form zu schneiden. Mit der Pinzette lässt sich das Farbmuster sauber herausarbeiten. Sie bringt einzelne Fäden an den richtigen Platz. Irrläufer können mit ihr außerdem vorsichtig aus dem Pompon herausgezogen werden. Die Oberfläche der Pompons wird ebenmäßiger, wenn beim Schneiden immer wieder mit dem Finger in alle Richtungen durch die Fäden gestrichen wird. Hinweis: Achte darauf, dass die langen Wollfäden und die Bindefäden nicht versehentlich abgeschnitten werden!

Schwanz und Flügel schneiden

Die Fäden mit dem grobzinkigen Kamm auffächern und ggf. in Schwanzfedern und Flügelfedern teilen. Die Schwanzfedern mit der Schere zum Körper hin in Form schneiden. Bei den Flügelfedern vorn nah am Körper beginnen und schräg nach hinten schneiden. Schwanz und Flügelspitzen mit den Fingern voll in Form bringen.

Pompons verbinden

Zuerst prüfen, dass die Proportionen der beiden Pompons stimmig sind. Wenn alles passt, die vier Bindefäden an der Verbindungsstelle mit der langen Sticknadel einzeln durch die Pompons nähen. Die Pompons an den Fäden zusammenziehen. Die Fäden mehrfach verknoten und abschneiden. Den Ansatz zwischen den Pompons mit der Schere nacharbeiten und der Form den letzten Schliff geben.

Wickelmuster lesen

Das Wickelmuster besteht aus mehreren Ringen. Jeder Ring steht für eine Runde. Begonnen wird immer mit dem kleinsten Ring. Er markiert die erste Runde. Die Farbflächen hinter den Ringen geben an, wo mit welcher Farbe gearbeitet wird. Beim Wickeln der Wolle also Runde für Runde diesem Farbmuster folgen und dabei von innen nach außen vom kleinsten bis zum größten Ring arbeiten. Auf wichtige Details wird im jeweiligen Anleitungstext hingewiesen. Das große X markiert die Stelle, an welcher beim Abbinden des Pompons der Knoten gemacht wird. Diese Position kann aber je nach gewünschter Körperhaltung des Vogels variiert werden. Am Wickelmuster für den Kopf befindet sich außerdem eine Markierung für die Position des Schnabels. Die Position der Rechteckschablonen wird durch hellgraue Flächen angezeigt. des Vogels variiert werden. Am Wickelmuster für den Kopf befindet sich außerdem eine Markierung für die Position des Schnabels. Die Position der Rechteckschablonen wird durch hellgraue Flächen angezeigt.

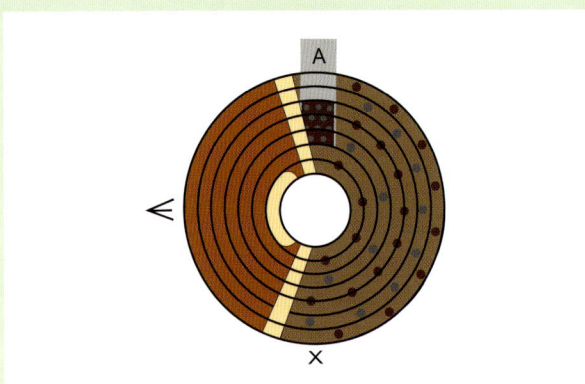

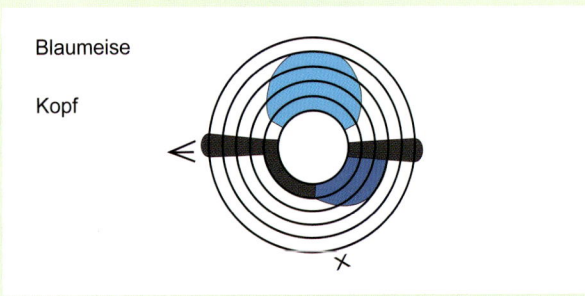

Blaumeise

Kopf

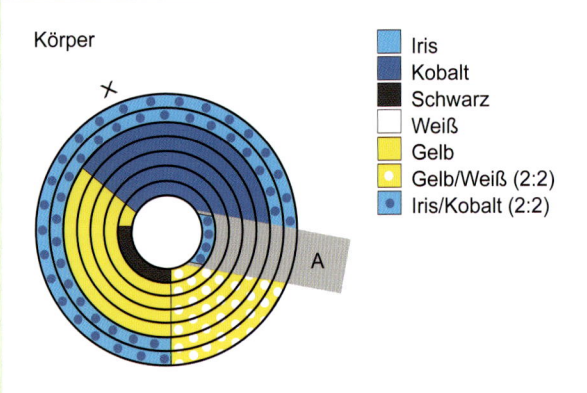

Körper

■	Iris
■	Kobalt
■	Schwarz
□	Weiß
■	Gelb
	Gelb/Weiß (2:2)
	Iris/Kobalt (2:2)

SONNENBLUMEN FILZEN

Das Filzen nach Vorlagenzeichnung

1. Es gibt zwei Arten des Filzens nach Vorlagenzeichnung. Die abgewogene Wollmenge wird entweder nach der Anleitung beim Modell z. B. aus einer Kugelgrundform heraus bearbeitet und die zu erzielende Größe des Motivs durch Auflegen auf die Vorlage immer wieder abgeglichen. Oder die Wolle wird auf den Vorlagenbogen gelegt und das Motiv wird mit der Hand geformt, z. B. Blätter oder Ohren. Dann die Wolle auf die Filzunterlage legen und mit dem Filzen beginnen. Dabei die Filznadel sehr oft in die Wolle einstechen. Sobald sich die Form etwas verfestigt, zieht man diese vorsichtig von der Filzunterlage ab, dreht sie um und bearbeitet sie von der anderen Seite. Diesen Vorgang mehrmals wiederholen. Durch schräges seitliches Einstechen der Nadel in die Filzarbeit den Rand sauber ausarbeiten.

2. Die Filzarbeit zwischendurch mit der Zeichnung auf dem Vorlagenbogen vergleichen. Ist die Arbeit zu klein, kannst du sie einfach durch Zugabe weiterer Wolle an der benötigten Stelle ausbessern. Ist das Motiv noch zu groß, kannst du durch gezieltes Stechen mit der Nadel an der entsprechenden Stelle die Wolle komprimieren.

3. Beim Anfilzen das fertig gefilzte Teil an der entsprechenden Stelle aufsetzen und mit schrägen Nadelstichen befestigen.

Styropor®-Formen umfilzen

1. Das Muster mit einem Filzstift frei Hand auf die Kugel malen. Dann die Kugel mit einer Hand festhalten und die erste Fläche mit reichlich Wolle auslegen. Die Wolle durch mehrmaliges Einstechen mit der mittleren Nadel an den Rändern entlang zunächst grob fixieren. An den Stellen, an denen das Styropor® noch durchscheint, etwas Wolle nachlegen. Vom äußeren Rand aus nach und nach die ganze Fläche nadeln. Bei Bedarf kann jederzeit noch weitere Wolle aufgelegt werden. Zum Abschluss den Rand exakt entlang der Kontur feststechen.

2. Die angrenzenden Stege mit Wolle auslegen und wie in Schritt 1 beschrieben bearbeiten. Auch hier einen gleichmäßigen Rand nadeln und auf einen exakten Übergang zur braunen Fläche achten. Nacheinander auf diese Weise alle Felder nadeln. Die komplette Kugel zum Abschluss mit der feinen Nadel überarbeiten, damit die Einstichstellen verschwinden.

TIPP: Nicht zu oft an der gleichen Stelle mit der Nadel in das Styropor® stechen, da es sonst brüchig werden kann oder eine Verformung entsteht. Beim großflächigen Ummanteln von Styropor®- Formen die Wolle zunächst um die Form legen und ringsum mit einigen Stichen fixieren, bevor du mit der Detailarbeit beginnst. So vermeidest du unnötig viele Einstiche an der gleichen Stelle.

KÜKEN-POMPONS

1. Zum Fertigen eines Pompons werden vier Plastiksteckteile einer Farbe benötigt. Zwei unterschiedliche Steckteile, Rücken an Rücken, so mit der linken Hand halten, dass sie einen Bogen bilden und mit der rechten Hand mit dem Wollfaden umwickeln. Die beiden anderen Steckteile ebenfalls umwickeln. Nun die umwickelten Bögen zu einem Ring zusammenstecken. Der fertige Pompon hat durch die aufgewickelte Wolle einen größeren Durchmesser als die Plastiksteckteile. Je nach Wolle erhält z. B. ein aus grünen Steckteilen, ø 5,5 cm, gefertigter Pompon beispielsweise einen Durchmesser von 6,5 cm.

2. Die aufgewickelte Wolle ringsum mit einer spitzen scharfen Schere aufschneiden. In den schmalen Spalt zwischen den Plastikteilen einen gleichfarbigen stabilen Wollfaden oder einen Bindfaden legen und fest abbinden. Diese beiden Woll- oder Bindfadenenden noch nicht abschneiden. Sie werden evtl. noch benötigt, z. B. als Aufhängung oder um Pompons miteinander zu verbinden.

3. Mit einer scharfen Schere den Pompon ringsum etwas stutzen und wenn nötig in Form schneiden.

GRUNDREZEPT: VANILLA CUPCAKES

ZUTATEN: 120 g Butter oder Margarine
130 g Zucker
2 Päckchen Vanillezucker
3 Eier (Größe M)
150 g Mehl
2 TL Backpulver
1 Prise Salz

1. Lege ein Muffinblech mit Papierförmchen aus. Den Backofen auf 175 °C Ober-/Unterhitze vorheizen. Rühre die Butter oder Margarine mit dem Zucker und dem Vanillezucker ca. 5 Minuten lang zu einer cremigen Masse. Danach die Eier einzeln und gründlich unterschlagen.

2. Das Mehl mit dem Backpulver und dem Salz mischen und vorsichtig unter die cremige Masse geben. Nur so lange rühren, bis keine Klumpen mehr zu sehen sind.

3. Nun die Muffinförmchen zu knapp zwei Dritteln mit Teig befüllen, der Teig geht beim Backen noch auf. Die Cupcakes etwa 22–25 Minuten backen und abschließend ca. 1 Stunde auskühlen lassen.

GRUNDREZEPT: SWISS-MERINGUE-BUTTERCREME

ZUTATEN: 4 Eiweiß (Größe M)
200 g Zucker
1 Prise Salz
350 g Butter
Aroma oder Lebensmittelfarbe nach Belieben

1. Zuerst das Eiweiß mit dem Zucker und einer Prise Salz in ein hitzebeständiges Gefäß geben. Dabei darauf achten, dass keine Spuren des Eigelbes enthalten sind. Ein Wasserbad heiß werden lassen, das Wasser sollte aber nicht sprudelnd kochen. Die Eiweiß-Zucker-Masse ca. 5 Minuten über dem Wasserbad erhitzen, bis sich der Zucker komplett aufgelöst hat. Die Masse ist fertig, wenn beim Reiben von Zeigefinger und Daumen keine Zuckerkristalle mehr zwischen den Fingern spüren kann.

2. Nun die warme Eiweiß-Zucker-Masse zum Schlagen in ein Gefäß umfüllen und ca. 10–15 Minuten bei hoher Geschwindigkeit schaumig schlagen. Sobald sich die Masse nicht mehr heiß anfühlt, den Aufsatz gegen einen Glattrühraufsatz tauschen und die zimmerwarme Butter portionsweise hinzugeben. Bei mittlerer Geschwindigkeit ca. 3–4 Minuten weiterrühren, bis alles glatt vermengt ist und die Creme eine steife Konsistenz hat. Nach Belieben können noch 1–2 Tropfen Aroma oder Lebensmittelfarbe auf Gel-Basis hinzugefügt werden.

Blümchen aus Fondant

1. Nehme ca. 150 g Fondant in Rosa und knete ihn kurz durch. Um zu vermeiden, dass der Fondant an den Händen oder an anderen Oberflächen kleben bleibt, die Masse am besten leicht mit Speisestärke bestäuben. Im Fachhandel gibt es dafür spezielle Pudersäckchen. Rolle den Fondant mithilfe eines Rollstabs auf eine Dicke von ca. 2 mm aus und steche die gewünschten Blumen mithilfe von Blütenausstechern aus.

2. Wenn du die Blumen noch lebendiger gestalten möchtest, kannst du dafür einen Silikonpräger benutzen. Reibe diesen mit etwas weichem Palmfett ein. Eine Blume vorsichtig in den Präger legen und diesen leicht zudrücken.

3. Nimm die Blümchen vorsichtig heraus und forme nach Belieben kleine Kugeln aus gelbem Fondant. Die Blütenmitte mit etwas Wasser betupfen und die Kugel anbringen.

4. Lege die Blümchen zum Trocknen in kleine Plastikschälchen, z. B. von Schaumküssen. Die Blümchen mindestens einige Stunden oder über Nacht durchtrocknen lassen.

VORLAGEN

KARL, DIE FRÖHLICHE KRESSERAUPE
SEITE 12/13

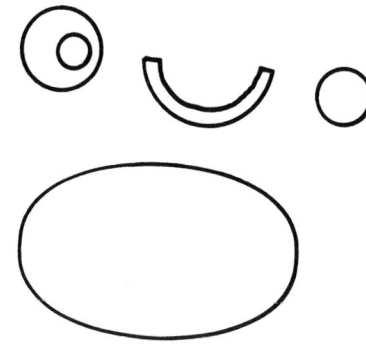

OSTER-AUTORENNEN MIT HÄSCHEN UND KÜKEN
SEITE 20/21

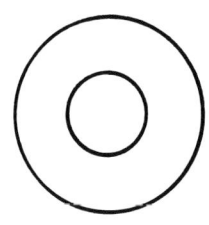

NIEDLICHE HENNEN
SEITE 25

KÜKEN-KINDERGARTEN
SEITE 14

WACHSBATIKEIER
SEITE 23

EIERKRANZ IN PASTELLTÖNEN

SEITE 28/29

Vorlage bitte auf 120 % vergrößern

Pompon

TIERISCH FRECHE GRUßKARTEN
SEITE 31

Vorlage bitte auf 110 % vergrößern

SCHNECKEN-
WINDLICHT
SEITE 30

SÜßER HASE IM BILDERRAHMEN
SEITE 33

Vorlage bitte auf 110 % vergrößern

VORLAGEN

GEFLÜGELTE BLUMENSTECKER
UND GESCHENKANHÄNGER
SEITE 32

SCHMETTERLINGS-GIRLANDE
SEITE 35

2x

2x

KÖRNERKÜKEN
SEITE 38/39

110

**BLUMENBEET FÜRS
FENSTERBRETT**

SEITE 34

ELEGANTE BLUMENRANKEN
FÜR TISCH UND TAFEL
SEITE 36

SCHMETTERLINGE ALS PFLANZENSTECKER

SEITE 41

ELEGANTE BLUMENRANKEN FÜR TISCH UND TAFEL

SEITE 36

FRÜHLINGSKRANZ
MIT SCHMETTERLING
S E I T E 37

Vorlage bitte auf 120 % vergrößern

MUNTERE KÜKENSCHAR
S E I T E 69

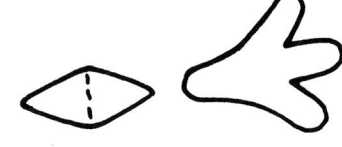

**VOGELHAUS
MIT PIEPSHOW**

SEITE 56 / 57

Vorlage bitte auf
120 % vergrößern

**BALD IST FRÜHLING – DIE
AMSELN KEHREN ZURÜCK**

SEITE 44

**ZAUBERHAFTE
BLÜTENSTEINE**

SEITE 52

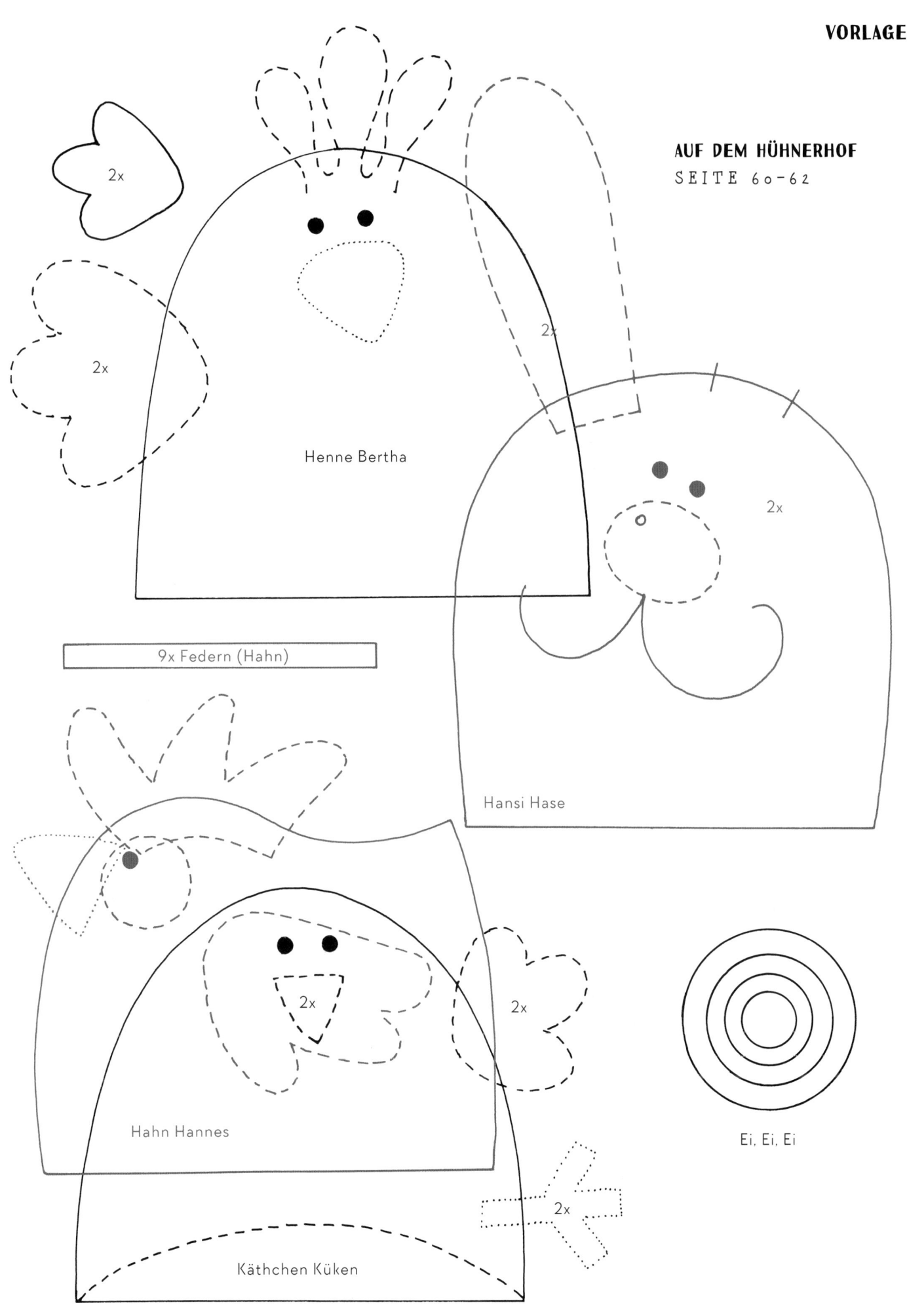

AUF DEM HÜHNERHOF
SEITE 60-62

2x

2x

Henne Bertha

2x

2x

9x Federn (Hahn)

Hansi Hase

2x

Hahn Hannes

2x

2x

Ei, Ei, Ei

2x

Käthchen Küken

VORLAGEN

Vorderansicht

Vorderseite und beide Seiten mit
grobem Schleifpapier (30er Körnung)
oder einer Feile anschrägen

BUNTE VOGELSCHAR
SEITE 51

Seitenansicht

Loch für Schnabel

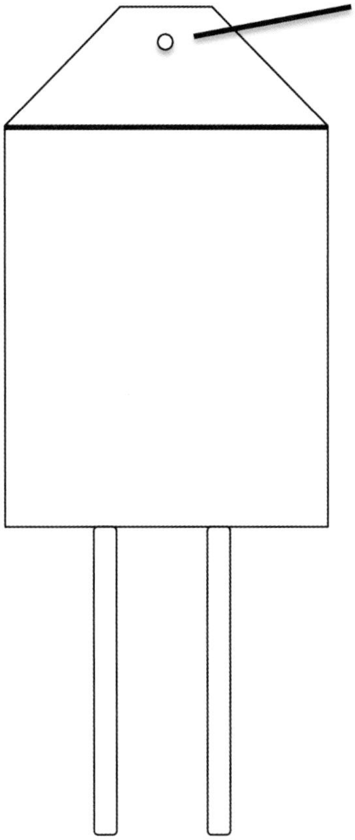

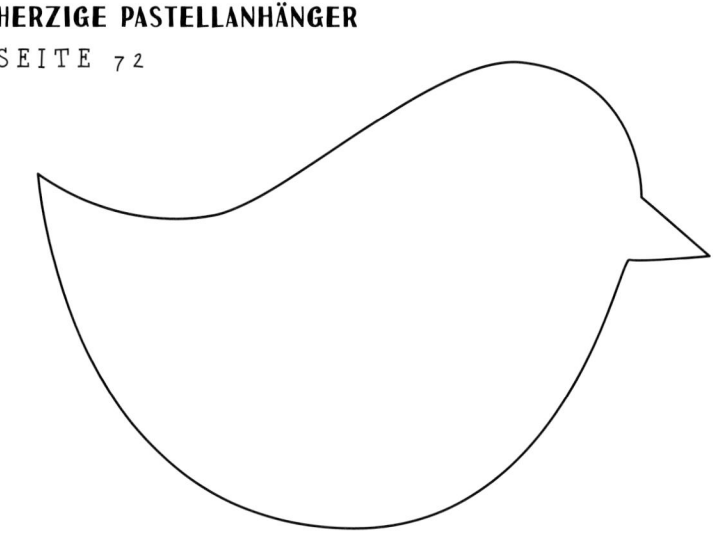

PARTY-EULEN MIT HUT
SEITE 53

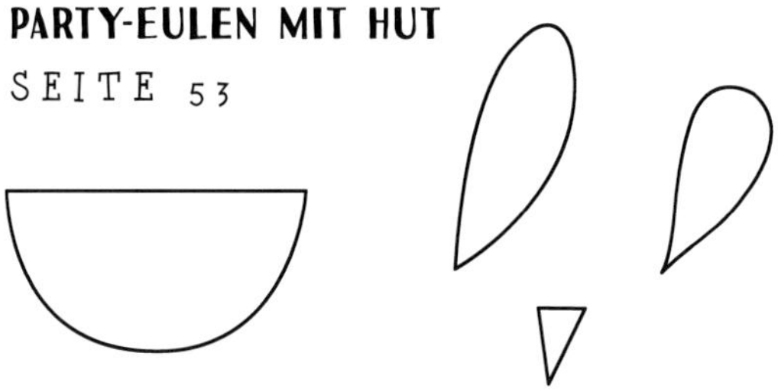

HERZIGE PASTELLANHÄNGER
SEITE 72

KLEINER KÜKENGRUß
SEITE 70

HERZIGE PASTELLANHÄNGER
SEITE 72

VORLAGEN

FRÖHLICHE SONNENBLUMEN
SEITE 73

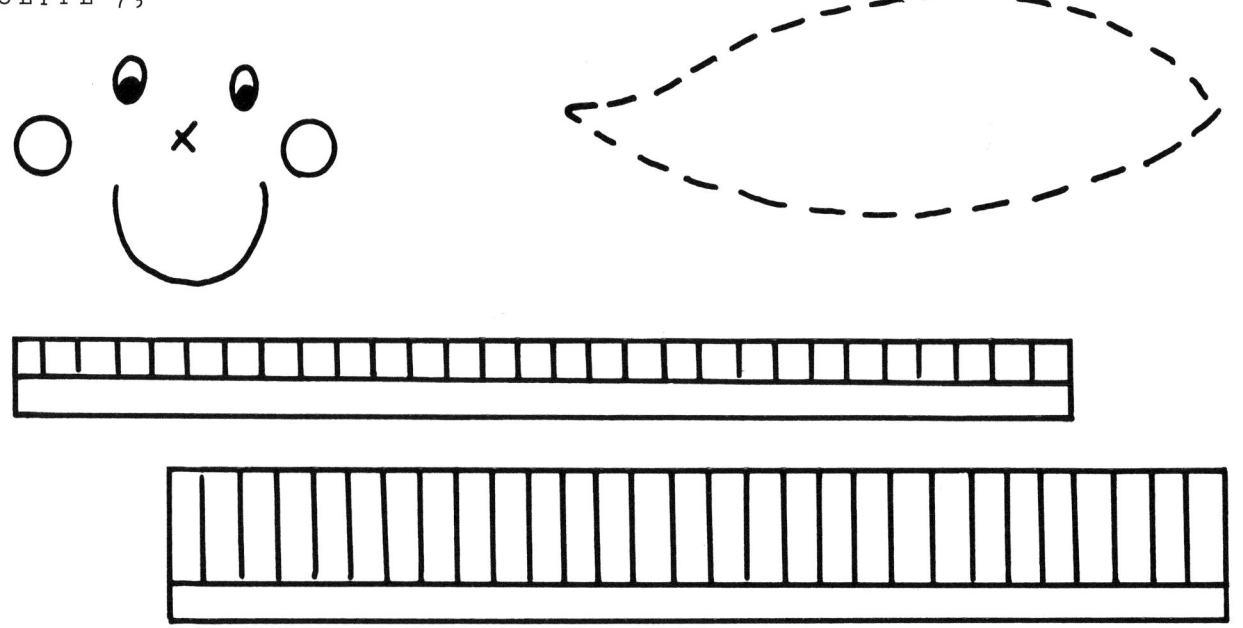

PFIFFIGE HASENGIRLANDE
SEITE 76

Bitte auf 200 % vergrößern

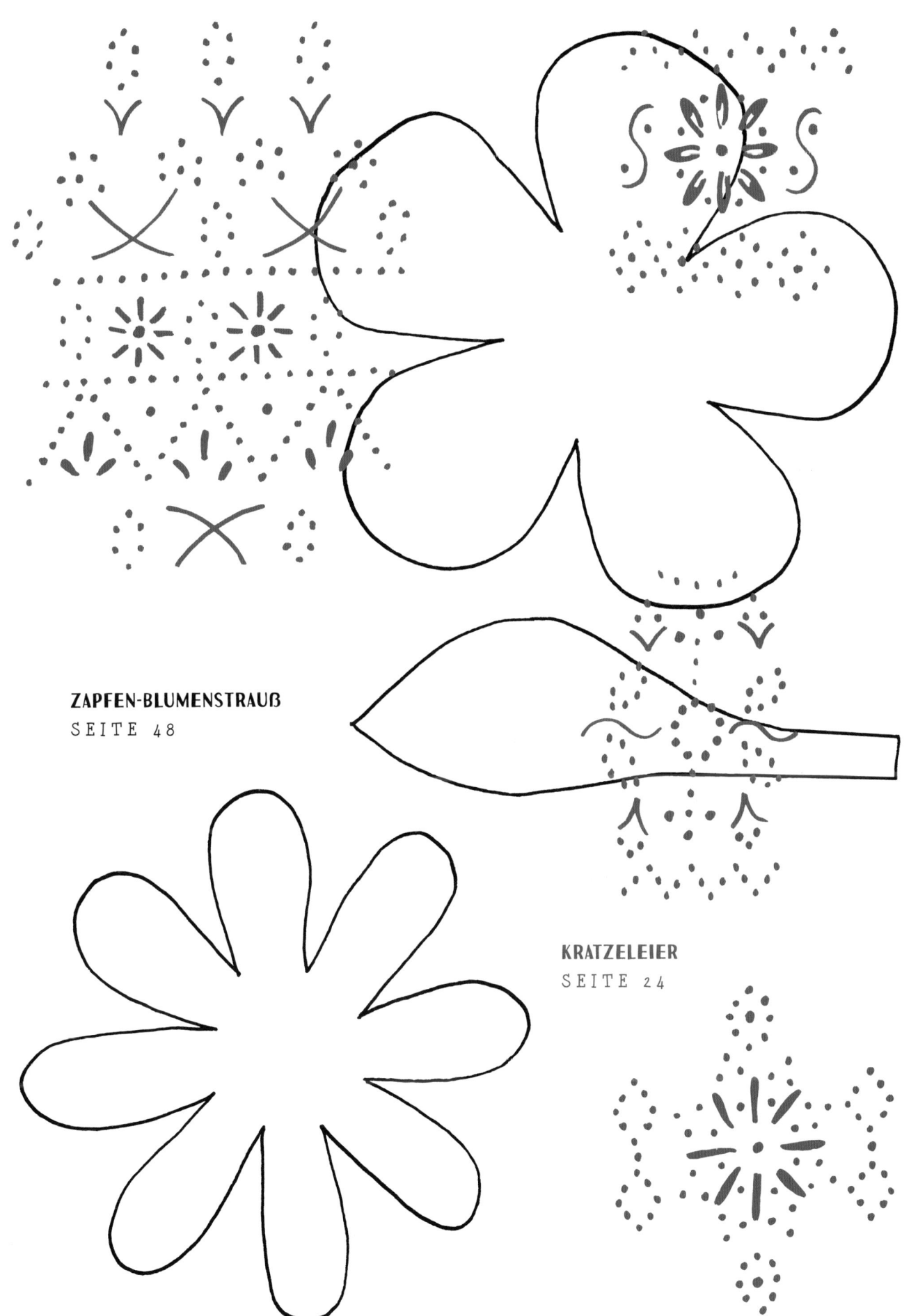

ZAPFEN-BLUMENSTRAUß
SEITE 48

KRATZELEIER
SEITE 24

BUCHEMPFEHLUNGEN FÜR DICH

ISBN 978-3-7724-4640-5

ISBN 978-3-7358-5090-4

ISBN 978-3-7358-5102-4

ISBN 978-3-7724-4654-2

ISBN 978-3-7724-3116-6

ISBN 978-3-7724-4639-9

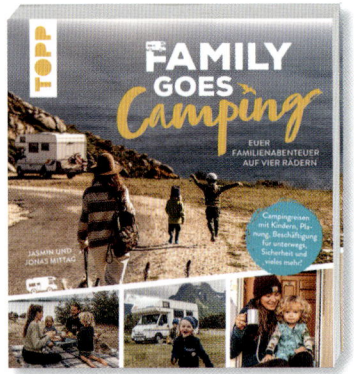

ISBN 978-3-7724-4644-3

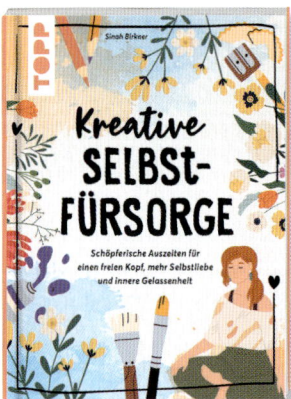

ISBN 978-3-7358-5077-5

ISBN 978-3-7358-5089-8

Viele weitere Kreativ-Bücher findest du auf www.TOPP-kreativ.de

#TOPPPROJEKT

Die eigene Kreativität zeigen: TOPPprojekt mit anderen
Kreativen teilen und Teil der Gemeinschaft werden.

DIY-begeistert und auf Instagram?
Dann unbedingt mitmachen! Hier gibt's
Tipps und Feedback zu den eigenen
Projekten. Außerdem verlosen wir jeden
Monat ein Überraschungspaket. Um am
Gewinnspiel teilzunehmen, einfach ein Bild
vom Kreativ-Projekt aus unseren Büchern
mit #TOPPprojekt posten und unserem
Account @frechverlag folgen. Mehr Infos
auf TOPP-kreativ.de/TOPPprojekt

Mach mit beim
#TOPPPROJEKT
#TOPPprojekt
@frechverlag

Website
Auf TOPP-kreativ.de kannst du ein riesiges
Angebot von über 1.000 Kreativbüchern,
Sets & mehr entdecken.

Newsletter
Gleich anmelden unter: TOPP-kreativ.de/
newsletter und immer als Erstes von unseren
Neuheiten und Sonderaktionen erfahren.

Instagram
@frechverlag

DigiBib
Hier findest du zusätzlich zu vielen unserer
Bücher digitale Extras, wie Video-Tutorials,
Plotter-Dateien, Vorlagen, Übungsblätter
& vieles mehr. Einfach im Impressum deines
TOPP-Buchs den Freischalte-Code nach-
schlagen und exklusive Inhalte freischalten.
TOPP-kreativ.de/digibib

Pinterest
pinterest.com/frechverlag

Facebook
facebook.com/frechverlag

Youtube
youtube.com/frechverlag

SERVICE-HOTLINE

Haben Sie Fragen oder gibt es ein Problem? Wir helfen Ihnen gern.
Rufen Sie uns an oder schreiben Sie eine E-Mail:

Telefon: **0711 / 123 757 20***
*normale Telefongebühren

E-Mail: hilfe@frechverlag.de

Weitere Informationen zum Verlag und zu unserem gesamten
Programm finden Sie unter: **www.topp-kreativ.de**

IMPRESSUM

ANLEITUNGEN, SCHRITTFOTOS UND ILLUSTRATIONEN: Pia Deges (Seite 12–21, 48, 53, 67, 70, 74/75, 77, 80/81, 92–96); Kornelia Milan (Seite 22–24, 45, 54/55, 94, 98); Pia Pedevilla (Seite 25, 60–62); Heike Roland und Stefanie Thomas (Seite 28–33, 41, 97); Anja Ritterhoff (Seite 34–37, 97); Susanne Pypke (Seite 38/39, 46/47, 63–66, 71, 100–102); Armin Täubner (Seite 40, 44, 69, 73, 102/103); Patricia Morgenthaler (Seite 49–52, 76); Claudia Fischer und Ilona Butterer (Seite 56/57, 72, 99); Gudrun Schmitt (Seite 68); Jessica Nebel (Seite 82–84); Anja Schneider (Seite 85); Jenny Kühn (Seite 86/87); Jasmina Tvrdak (Seite 88); Marisa Hart (Seite 89–91); schwab:illustrationen, Haselund (Grafiken auf Seite 38, 46, 63, 64)

MODELLFOTOS: frechverlag GmbH, 70839 Gerlingen; lichtpunkt, Michael Ruder, Stuttgart; Jessica Nebel (Seite 82–84); Anja Schneider (Seite 85); Jenny Kühn (Seite 86/87, 104/105); Marisa Hart (Seite 89, 90/91); Fotostudio Ullrich & Co., Renningen (Seite 14)

PRODUKTMANAGEMENT UND LEKTORAT: Melissa Portz, Luisa Grams
COVERGESTALTUNG: Eva Hook
HERSTELLUNG: Jessica Siebert
SATZ: Arnold & Domnick, Leipzig
DRUCK UND BINDUNG: PNB Print Ltd, Lettland

2. Auflage 2023

© 2023 frechverlag GmbH, Dieselstr. 5, 70839 Gerlingen, einem Unternehmen der Penguin Random House Verlagsgruppe GmbH, München

ISBN 978-3-7358-5116-1 · Best.-Nr. 25116

Penguin Random House Verlagsgruppe
FSC® N001967